学习
哪有那么难

王金战 —— 著

白金版

北京联合出版公司
Beijing United Publishing Co.,Ltd.

图书在版编目（CIP）数据

学习哪有那么难：白金版/王金战著. -- 北京：北京联合出版公司，2022.6
　　ISBN 978-7-5596-6011-4

Ⅰ.①学… Ⅱ.①王… Ⅲ.①中学生—学习方法 Ⅳ.① G632.46

中国版本图书馆 CIP 数据核字（2022）第 035413 号

学习哪有那么难（白金版）

作　　者：王金战
出 品 人：赵红仕
选题策划：北京时代光华图书有限公司
责任编辑：牛炜征
特约编辑：卢倩倩
封面设计：新艺书文化

北京联合出版公司出版
（北京市西城区德外大街 83 号楼 9 层　100088）
北京时代光华图书有限公司发行
文畅阁印刷有限公司印刷　　新华书店经销
字数 168 千字　　787 毫米 × 1092 毫米　　1/16　　13 印张
2022 年 6 月第 1 版　　2022 年 6 月第 1 次印刷
ISBN 978-7-5596-6011-4
定价：58.00 元

版权所有，侵权必究
未经许可，不得以任何方式复制或抄袭本书部分或全部内容
本书若有质量问题，请与本公司图书销售中心联系调换。电话：（010）82894445

÷ 自 序

　　工作 40 多年了，其实我只干了一件事，就是帮助学生成功。在帮助不同的学生走向成功的过程中，我也逐步体会到，学习其实很简单，只要找到学习的门道，人人都将是潜力无限的天才！

　　现在，有很多关于我的"神奇传说"，说什么只要高考前被我辅导两小时，就能提高 20 分。听起来似乎有些不可能，其实这里面的道理就是：我通过和学生交谈，找到他的知识盲点，然后加以指点，短时期内提高成绩是有可能的。在这本书里，我就讲到了很多这样的具体方法，供大家参考。

　　人们常说，未来的文盲就是那些没有学会怎样学习的人；还说，文盲就是想要学习却不知道学习策略的人。学习这件事，在今天显得越来越重要，但如何才能学好，却困扰了很多学生，以及想要帮助学生成长的家长和老师。

如果一定要说学习有捷径的话，这条捷径就是科学的学习方法。

学习方法没有最好的，只有最适用的，最适合自己的就是最好的。世上并没有一种"放之四海而皆准"的方法，但学习中确实有一些具有共性、规律性和策略性的东西，它们是我们应该去认识和把握的，抓住了这些东西，我们就能保证学习的高效率。例如，一个人每天要干很多事情，有时觉得很累，有时却觉得一点都不累，其中的道理是看你喜不喜欢这件事。这一点提示我们：要让自己喜欢所学的东西。

同样一个内容，理解了再记忆，不仅记得快，还记得牢。很多数学公式、定理只要理解了，甚至都不用记也忘不了，但如果不理解，死记硬背的效果肯定很不好。这一点提示我们：学习的时候要善于联想、类比、归纳。本书中将有大量通过多次试验已证明行之有效的做法提供给你，引导你走向事半功倍的学习之路。

在本书中，你还会了解困扰了很多学生的数学究竟该怎么学。其实，当领悟到多种多样的数学之美，感受到数学给你的震撼，你就一定能学好数学，能够陶醉在数学之美中，并轻松驾驭它。

当找到了学习的门道，你就会逐步建立自信，从而相信自己是潜力无限的天才！几乎所有学有所成的人都有这样的体会：学习的过程就是一个先苦后甜、苦尽甘来的过程。一个学生如果不想吃苦，就不可能享受到学习的快乐。换句话说，你要享受到学习的快乐，就必须有一个吃苦的前提。

就是这么一个简单的道理，却困扰了很多青少年学生。那些厌学的学生，成绩落后的学生，大多不是因为学习本身，而是因为心态没有调整好，或是因为对学习的认识不够，或是因为厌恶老师、家长。翻开本书，大量鲜活的事例将告诉你如何成为心态的主人，如何成为学习的强人。

如果你读完本书有何体会或要求，欢迎通过宽高教育集团公众号或王金战今日头条联系我们，希望大家可以一起探讨学习之道，感悟学习之美。期待你的消息。

÷ 目录

第一篇
找到学习的门道

01 人人都能学习好 003

有自信必然有好结果 / 003

兴趣是学习的第一动力 / 005

用快乐的心情去学习 / 008

别让手机干扰学习 / 010

勤动手才能少出错 / 013

错题千万别放过 / 013

保持好学习的节奏 / 014

科学计划要坚持 / 016

02 好习惯是成功的保证 017

决定学习成绩的三个因素 / 018

用高标准要求自己 / 020

几种优秀的习惯 / 021

养成良好习惯的六个秘诀 / 023

03 好头脑创造好成绩 025

饥饿伤胃更伤脑 / 026

饭后学习毫无效率 / 026

污浊的空气更有害 / 027

要养成规律的生活习惯 / 027

通过锻炼身体来锻炼大脑 / 028

保证睡眠质量 / 030

04 拥有好的记忆力才能事半功倍 032

小小压力提升记忆 / 032

心无杂念天地宽 / 033

理解的内容才好记 / 034

喜欢才能记得快 / 036

系统记忆更有效率 / 037

05 听课也要有效率 039

完成作业是提高听课效率的前提 / 040

预习功课才能在听课时有的放矢 / 041

老师讲课要留有余地 / 042

别让记笔记影响听课的效果 / 043

调整好自己的作息时间 / 044

听课要紧跟老师的思路 / 045

积极思考,大胆发言 / 045

06 数学其实很好学 046

数学是一个换脑子的学科 / 046
数学是一个挑战智慧的学科 / 047
数学语言最准确 / 049
数学有一种惊人之美 / 050

07 高考考什么 058

利用考试说明摸清高考内容 / 059
"三基五能一应用一创新"和难度分布 / 062
为自己设计得分点 / 067
用好复习资料 / 067
注意知识点交汇处 / 068

08 克服高考前的"高原反应" 070

影响高考的不良反应 / 070
复习越针对越有效 / 071

09 准备万全,考试不难 078

做好物质准备是考好的前提 / 079
做好心理准备才能有好成绩 / 080
做好技术准备才能决胜考场 / 082

10 如何看待奥数这件事 092

14 岁之前是智力开发的关键时期 / 093

奥数适合谁来学 / 097

第二篇
每个人都是潜力无限的天才

11 有好方法更要有好心态 105

千万不能输在心态上 / 105

好心态使你终身受益 / 111

学到尽头方知甜 / 115

12 倒数第一也不可怕 119

不要让学习障碍毁了孩子 / 120

家庭纠纷是学习的绊脚石 / 121

学校不应该成为"差生工厂" / 125

让一个差生变好真的很简单 / 129

13 起伏不定的成绩"K 线" 134

成绩起伏是正常现象 / 134

怕输的结果是常输 / 137

14 补足学科的短板 142

尊其师才能信其道 / 142
学生偏科，老师责无旁贷 / 144

15 做合格的优等生 150

莫让"聪明"绊住脚 / 150
学习不能"小富即安" / 153
好学生更要有好心态 / 155

16 高考冲刺，心态决定成败 159

自信是成功的第一把钥匙 / 160
别让成绩波动摧毁你的信心 / 162

17 抓住一句话的机会 167

拥有一颗感恩之心 / 167
一个眼神胜过一顿批评 / 168
关键时刻有一句话就够了 / 170
从批评中找到前进的动力 / 172

18 走出孤独的世界 175

孩子的心为什么离家长越来越远 / 175
做孩子最好的朋友 / 179

培养发现快乐的心态 / 181

19 早恋，成长路上的"美丽陷阱" 185

学习是宁静才能致远的事情 / 185
别把安慰当爱情 / 188
把美好的感情留到高考后 / 190

第一篇
找到学习的门道

俗话说:"难者不会,会者不难。"学习这件事,如果摸清了其中的规律,其实一点也不难。一旦深入进去,探索其中的奥妙,你甚至会觉得学习这件事挺好玩儿的。学习的道路是曲折的,充满了艰辛和汗水,但学习的过程又是美妙的,因为它能令你感到生活的意义和价值。

01 / 人人都能学习好

> 一个人如果在学习的过程中，背负着太多与学习无关的东西，反而会垮掉。因为学习本身其实是一件很快乐的事。古人说，书中自有黄金屋，书中自有颜如玉，就是说学习本身可以给人带来一种非常快乐的享受。

学习效率直接决定了学习结果，所以我们要调动各种积极因素，把学习效率提高。

有自信必然有好结果

有很多实验证明，用同样的时间干同样的事情，有没有信心，差距是很大的。

前些年，山东省搞了一个自下而上的演讲比赛。我当时在沂水一中。学校要求每个教研组都要派代表参加，结果数学组就推选了我。我一想，我参加这个演讲比赛，一点儿优势都没有：第一，我是搞数学的，根本就不精通演讲；第二，我普通话讲得很一般。要是跟语文组、历史组、政治组的老师比起来，我恐怕只能做陪衬了。但是数学组把任务给了我，我就当成个任务来完成，潦草地写了几张纸。

工会要求大家提前把演讲稿交上，我因为比较磨蹭，交得最晚。工会主席当时跟我说："这次比赛，估计第一名非语文组莫属，他们的稿子写得特别好。另外，代表语文组参加演讲的张老师普通话讲得非常纯正。"

工会主席很随意的一句话，不知怎么触动了我的神经，我当时就想：演讲比赛还没开始，第一名就定了？我原先确实想着糊弄一下就算了，但是工会主席说了这句话以后，我就决定必须要把这个第一拿过来。于是我说："我这个稿子写得太差劲了，影响不好，我带回去再修改修改。"

这个时候再写稿子，就是以拿第一为目标的。当时正好是期中考试，不需要备课、讲课，时间相对宽裕，于是我利用这段时间，思考怎么写演讲稿，怎么拿第一。我形象一般，普通话不行，要想拿第一，就得从内容上下功夫。在写稿子的时候，我就站在这样的高度和立意上来写，没想到越写思路越多。有一句话叫"要想打动别人，必须先打动自己"，到最后，我自己写的稿子，自己看着，都感动得眼泪直流。我想，挺好，估计能拿第一。

但我迟迟没有交稿，我怕提前交了，把秘密武器暴露了。直到比赛的前一天，我才把稿子给了工会主席，并对他说："主席，你现在必须当着我的面把这个稿子看一遍。"

工会主席就拿起我的稿子看，可以说看了第一句他就眼睛发亮。看完以后，他眼泪汪汪地看着我，说："这个第一就是你的了。"

我非常自豪地笑了一下，信心也有了。

第二天，演讲比赛开始了。一共12个教研组参加演讲比赛，代表数学组参赛的我第3个上场，语文组的张老师第9个上场。当时，全校上下都有一种共识，这次来就是看语文组以什么样的作品拿第一的，结果没想到我一上场就把大家都弄蒙了：怎么突然之间有这么一个人大放光彩呢？

我的评分出来，去掉的最低分比前边两个人去掉的最高分还要高。大家顿时感觉到有看头了，语文组有竞争对手了。语文组的稿子写得确实好，参赛选手普通话又讲得好，我也捏了一把汗。不过，最后总分一出来，我的分数比语文组的张老师高。就这样，我代表数学组夺得了演讲比赛的第一名。

这次的经历使我深深感觉到，一个人只要有信心，想干成一件事，确实能把自身的潜能挖掘出来。不久之后，我又参加了教育局组织的演讲比赛，经过层层选拔之后又相继参加了市级、省级的演讲比赛，直到最后拿了全省演讲比赛的一等奖。

像我这样一个普通话讲得实在很一般的人，一个一点儿演讲细胞都没有的人，竟然就凭着一种信念，一路过关斩将，拔得头筹。这件事也使我认识到，一个人非常有信心地去干一件事和非常不在乎，甚至没有信心地去干一件事，效果差距很大。所以，我才说，提高学习效率的第一件事就是要自信，只要自信，你就能够学好。

兴趣是学习的第一动力

兴趣是最好的老师。兴趣是学习的第一动力。我发现，很多中小学生对学科的兴趣都源于老师。一个学生对老师的印象好了，学习兴趣就来了，他会拼命学；但是一个学生对老师的印象不好，他就对老师所教的学科失去了兴趣，自然也就不想学了。

正因为这样，现在老师的压力就比较大。作为一名老师，一定要加强自身的业务修养、职业修养。才华横溢、风趣幽默、性格阳光的老师往往会给学生带来信心，带来力量，带来兴趣。反之，老师如果心态灰暗或者缺乏幽默感，死板、教条，甚至用一些过时僵化的理念教育面向未来的学生，就很难被学生接受，最终影响的是一个班的学生对这个学科的兴趣。

我对自己有一个要求：我上课只要发现有睡觉的学生，就给学生道歉。我上课，我的学生在睡觉，我不以为这是学生的过错，而以为这是老师的过错。因为老师讲得不精彩，不吸引人，老师的声音竟然成了学生的催眠曲，所以需要道歉的是老师。

这并不只是嘴上说说。我遇到学生睡觉，真的去给他道歉。我这一道歉，搞得他挺不好意思，本来想睡觉也睡不好了，所以在我的课堂上睡觉的现象就比较罕见了。

作为学生，也不要去过多地挑剔老师。因为老师这个群体确实是一个普通得不能再普通的平常人的群体，你不能要求这个群体里的每个人都得是精英，每个人都得具有大家的风范，具有艺术家的气质。老师是不可能都做到这一点的。

一方面，学生要理解这种现实，**不能说遇到老师不合你的心意，你就拿自己的前程当儿戏**；另一方面，大部分老师还是满腔热情、尽职尽责，可能有时候，他的教学方法和你的期望值不太吻合，但是如果理解一下他的话，你就能感觉到他的那份爱心、那份责任心。单凭这一点，就应该值得你尊重。

这样一想，你对这位老师就少了一份抱怨，少了一份谴责，多了一份理解，他带来的是你对这个学科的兴趣。有一句话叫"尊其师则信其道"，当你非常感激这位老师、喜欢这位老师的时候，你对这位老师所教的学科也就比较感兴趣了。

我就帮助过一个因老师不合自己心意就捣乱的学生。这个学生当时已经换了三所学校。他在第一所学校待不下去了，坚决要离开。家长给他找了一所新学校。没过多久，他还是待不下去，又离开了。一个高一的学生不能天天待在家里不上学，家长只好又给他找了一所学校，结果还是不行。

连续三所学校都待不下去，这可把他的家长逼疯了。家长跑到北京，来找我想办法。

一番寒暄之后，家长向我介绍了这个学生的情况。

我问："你的孩子来了吗？"

他说："我的孩子就在楼下。"

我又问："你的孩子想不想来见我？"

他说："他看了你的书，也看了你上的一些节目，对你很崇拜，一定要见到你。"

我说："行，让他上来吧。"

我一看那个男孩，他留着一头飘逸的长发，还染得五颜六色的，一看就很有个性。同时，我还发现他眼睛特别亮，而且很阳光，就用一种欣赏的眼光看着他："小伙子长得这么帅，这么阳光！这么好的学生还能有什么苦恼？跟我说说，我给你解决。"

男孩问我："王老师，教师队伍中怎么有那么多不称职的人呢？"

我问怎么了，他就列举了他去的这些学校，老师多么差。他在第一所学校的班主任竟然对他说："我告诉你，今后我们这个班只要有一个考不上大学的，那肯定就是你。"他愤愤不平地说："王老师，当老师的能这样说学生吗？说这话的老师，他配当老师吗？"

我说："老师说这句话，肯定是话赶话闹的，可能因为你的行为影响力太大，你的表现太'出位'了，逼得你的老师才说出这样的话。如果一名老师凭空说这样的话，他就不配当老师！但要是被你逼得说出这句话，那情有可原，或者这里面可能有隐情。"

他不置可否，又列举了第二所、第三所学校的老师有多差，还说班里有一些同学老是跟他过不去……

我跟他讲了教师队伍的现状，以及人与人之间的差距。我说："就是因为不同性格、不同性别、不同心态、不同信仰的人聚在一起，才有这个美好的世界。除非你将来去深山老林里过野人的生活，否则的话，只要生活在人世中，你肯定就要接触到各种各样的人，既有高尚的人，又有在你看来是小人的人，你永远无法回避这件事情。但是，你不能拿别人的缺点来折磨自己。**我告诉你，孩子，生别人的气，就等于拿别人的缺点来折磨自己。你也不能要求别人都是完美的。**你要有适应这个环境的心态和能力，否则你一辈子都享受不到快乐和成功。你不妨利用这样的机会，锻炼自己与人交往的能力，锻炼自己对这个社会的适应能力。只要具备了这个能力，就凭你英俊的相貌、一身的才气，学习这件事对你来说绝对不难，你缺的就是心态的调整。你能做到吗？"

他一听，说："老师，我觉得您说得有道理，我愿意接受您的建议，回学校上课。"

后来，我跟这个男孩保持着比较密切的交流。年后，他的家长告诉我，他在我的引导下，心态调整得非常好，跟老师的感情也越来越好，学习的兴趣也越来越浓。我非常为他高兴。

虽说兴趣是最好的老师，但作为一个学生，你不能要求你周围的人完美无缺，特别是你不能要求你的每位老师都是人间豪杰，这太苛刻了。在这样要求别人之前，你需要先想一想自己，你本身一点儿毛病都没有吗？既然自己不是一个完美的人，那为什么要求别人都得完美无缺呢？这不是强人所难吗？

理解了这个道理，对于出现在老师身上的一些事情，学生就能够客观地对待了，也就容易对老师教的学科产生兴趣了。

一个学生要想提高学习的效率，一定要培养自己对学习的兴趣，兴趣是最好的老师，是搞好学习的第一动力。

用快乐的心情去学习

一个人要想取得优异的学习成绩，首先要保持心态的宁静，用愉快的心情去学习。在学习的过程中，如果过分强调学习之外的事，总想着要是考不上大学的话会多么悲惨，甚至看到家庭和学校都为自己付出了那么多，不时地告诉自己，不好好学能行吗，那你是无法安心学习的。

一个人如果在学习的过程中，背负着太多与学习无关的东西，反而会垮掉。因为学习本身其实是一件很快乐的事。古人说，书中自有黄金屋，书中自有颜如玉，就是说学习本身可以给人带来一种非常快乐的享受。当一道数学题把你"折磨"得死去活来的时候，你突然茅塞顿开，那种豁然开朗的感觉确实令人心情激荡，这是一种非常幸福的感觉。如果你之前处在学习比较落后的状态，经过努力以后，如今成绩不断地提升，周边的同学投向你那羡慕的目光，老师望向你那赞许的眼神，家长对你表扬的语气，无不是学习本身带来的快乐。

我当了这么多年的老师，也当过许多年的学生，我发现：学习的过程其实本身充满着快乐。如果忽视学习的快乐，一味地去探讨学习之外的压力，反而会让学习变得乏味。

有一次，我受邀到四川给当地的学生、家长讲了5天的课。讲课期间，我遇到了一个学生，她向我提了很多问题，并执意要留我的电话。我就把我的号码留给了她。后来，这个学生就经常跟我在网络上交流互动，她也在我的引导下情绪越来越好。

有一天，这个学生给我发了一条很长的信息，大意是说新加坡有一所学校到她就读的这所学校招收高二的学生，问我应该不应该去。

我觉得这是个机会，就回复"可以考虑"。于是她就报了名。没想到，她所在的班最后推选了8名同学去参加面试，她因为成绩不突出没入选。因为这件事，她给我发了一条长长的信息，信息大意是：

您看我们班推选了8个人，我也报名了，他们竟然没选我。我们学校有一个竞赛班，我也报名了，但是因为我的成绩不突出，老师也不把我当成重点培养对象。人家都能考上北京大学、清华大学，我现在能不能考上一本都是未知数，我活着还有什么意思呢？特别是面对家长那种困惑的表情、期待的眼神，我真的感觉活得太窝囊了，我都不想活了。我现在有一种非常悲观、非常厌世的感觉……

我一看，这不过就是生活中一个小小的挫折。新加坡的大学去她就读的学校招生，也不过就是为孩子们提供了一个去国外读大学的机会，即便没有入选，她也还有其他读大学的机会。但是，我一想既然她是这样的心态，确实需要对她进行引导，就给她回了一条信息，大体上是这样说的：

新加坡本来就是可去可不去的，所以我的回复是可以考虑。如果这件事很重要，我就会用特别郑重的语气跟你说。没能去新加坡读大学固然可惜，但至少你还很漂亮，很聪明，化学成绩很突出，总体成绩应该能上一本线。你还认识我。你将来考到北京，我还可以推荐你到我的单位实习……想想有几个人像你这么幸运拥有这么多？命运之神把那么多的爱都给了你，你却还那么苦恼。多愁善感的小姑娘，要坚强地面对生活。

她接到我的信息以后非常感动，回复道："王老师，收到您的信息以后，我一直沉浸在感动中，一直有一种幸福，有一种冲动。我已经从心理困境中走出来了。王老师，我会把您的信息永远保留着，当我没有信心的时候，当我情绪低落的时候，我看看您的信息，就有力量了。"

就是这样一条信息，让她从心理困境、郁闷的心态中走出来了，我想这个学生的学习效率应该能提高。

别让手机干扰学习

随着科技的飞速发展，现在的中小学生周围充满了诱惑，比如电脑、网络、智能手机等，这些工具本来都是为人服务的，但是如果运用不好，人就反而会成为这些工具的奴隶。这些高科技的东西，表面上确实比学习好玩，但从深层次上来看，未必比学习有意思。

当一个人全情投入学习的时候，虽然要经历一个比较累、比较单调、压力比较大的阶段，但是每一位成功人士在经历过这样的艰难困苦之后，都有一种共同的感觉：只要坚持下来，最后就都会感到心底的坦然、生活的充实、收获的喜悦与成功的快乐。

但是，如果把精力用在玩游戏等上面，可能当时会感觉很爽、很轻松、很愉快，但是这样浑浑噩噩、不知不觉地过了一个晚上之后，我们就会感到空虚、失落、自责。

所以，对一个处在人生关键时刻的青少年学生来说，**一定要耐得住学习带给你的暂时的寂寞，因为这种暂时的寂寞，将会让你得到未来的成功和辉煌。**

我的孩子高中三年一直没有手机，其实我家并不缺手机。我有一次问她："你的同龄人有手机是一个很普遍的现象，你为什么不要手机呢？"她说："同学有手机是为了跟家长联系起来方便，你们两个都在学校，离我这么近，我有什么事可以直接去办公室找你们，没必要非得有手机。另外，只要我有了手机，同学知道了，肯定会经常跟我联系。我要是不回，对人家不礼貌；我要是回呢，又影响学习，所以我干脆不要手机。人家都知道了，我就少了一份烦恼，也少了一份负担，可以集中全部心思学习。"这是她的主动性选择，她高中三年的学习效率也一直非常高。

我也观察我带的那个班。班里很多学习成绩优秀的学生都有手机，但是平常他们就把手机锁在自己的柜子里，一般每天晚上才打开看一看，看有没有重要的信息；还有些住校的同学干脆就把手机锁在宿舍柜子里，每个周末才把手机打开看一看，跟外界联系一下（当时，教育部还未印发《关于加强中小学生手机管理工作的通知》）。这样用手机就不会对学习造成负面影响。

可是，现在有些学生一刻都离不开手机，尽管教育部已经就中小学生使用手机发布了相关通知，他们还是偷偷把手机带进了课堂，时不时偷瞄一眼或滑动几下屏幕，这些学生的学习效率肯定很低。特别是上课还时不时看手机，是一种对自己极端不负责任的表现，也是一种对班级、对老师极端不尊重的行为，这种现象一定要杜绝。

我的一个学生有段时间学习成绩下滑得很快，可我并没有发现他有什么异常的举动。我就琢磨，到底问题出在哪儿呢？有没有可能是他的家庭环境出了问题？于是，有一天晚上，我给他家打电话，想找他的家长了解一下情况。结果发现，孩子的爸爸很宠爱这个孩子，给他买了手机、电脑等。孩子很多时候都在网上冲浪，根本没心思学习。

我对孩子的爸爸说："你想让孩子通过手机、电脑这些了解更广阔的世界，本身并没有什么问题，但是你有没有考虑过，一个中学生要想把学习搞好，是一定要做到全情投入、排除诱惑的。只有达到宁静致远的状态，学习才能有效果。他周围都是这些新鲜好玩的东西，能不受影响吗？"

他爸爸听了，立刻说："好，我马上就给他全撤了。"

我说："你这样做又过分了。你要是不跟孩子商量，强行把这些东西全撤了的话，那你在孩子眼里就成了一个'恶人'。你和孩子的情绪一对立，又会双倍地影响他的学习。"

他爸爸问："那王老师，我该怎么办呢？"

我说："你应该想办法，既要把这些东西撤走，还得保证让孩子满意。"

后来，这个孩子的爸爸想了一个办法，让手机、电脑这些新鲜好玩的东西离开了孩子，也没有引起孩子的反感。由于孩子有了良好的学习环境，他的成绩就慢慢地回升了。

勤动手才能少出错

很多家长跟我反映:"王老师,我的孩子就是懒得动手,光拿着书看。"我不知道别的学科怎么样,从我了解的情况来看,**数学不动手,想学好是不可能的。**

光抱着书看,表面上好像看明白了,实际上由于平时不动手,学生的动手能力就会越来越差,他的解题质量、解题速度这些基本技能就会严重下降。这也是有些学生上课能听懂,但就是不会做题的原因。

还有些学生说:"我看着这道题会做,可是怎么下笔就出错呢?"这也是因为基本技能不过关。基本技能是需要训练的,不是看书看出来的。我们有一句话,叫"看人挑担不觉累,自己挑来累弯腰"。一道题,看着老师讲得挺明白,但是你自己动手试试,可能就不是那回事了。

所以,很多问题不要只是觉得听明白了,就不动手了,其实听明白了不是真的会做。你应该做的是听别人讲,听明白之后,自己再独立动手做一遍。好多技巧,好多精彩的地方,好多遗留问题,往往都是在动手的过程中才发现的。

错题千万别放过

学生在学习的过程中,经常会出现问题。因为学习的过程就是发现问题、解决问题的过程,所以学习中不要怕出错。可怕的是,**学习中出现了错误,出现了问题,却采取一种漠然视之的态度,这样学习就很难有高效率。**

一些成功的学生在谈经验的时候,一般都有一个共同点,那就是要有错题本。很多老师要求学生整理错题,其道理在哪儿呢?整理错题是提高你自己的一次很好的机会。

当错题出现的时候,你应该停下匆匆的脚步,把这道题认真分析一下,到底错在哪儿,究竟是因为基本概念不到位呢,还是基本公式没记住，或者是基本技能不过关，基本方法掌握不到位。就这样认认真真地反思，甚至是顺着这个问题，往它的根源上去想。这样的做法看上去虽然好像耽误了时间，但绝对是值得的。这样的付出一定是高效的。

有些学生做完作业交给老师，老师认真批改完了，第二天把作业发下去，他们竟不以为意。我觉得这种做法太可惜了。

我是教数学的，有时候会带三个班。这三个班的作业，经常要批改到夜里12点。而且，我是很用心地批改，我付出了这么多的精力和心血批改作业，目的是什么？不就是觉得学生平常的学习时间太紧，有些题甚至不知道对错，我付出心血帮学生把问题找出来，节省了他的时间。学生根据老师的建议，把这个问题认真地分析一下，在之后的学习中就会抓住重点。

有两类题目，必须引起学生的重视：一类就是作业和考试中出现的错题，另一类就是考试或者课外练习中遇到的一些自己不会做的题目。

如果你钻研一道题目，一直找不到思路，我建议：既然用心思考还想不出来，为了提高学习效率，就别再钻牛角尖了，停下来看看答案和相关的提示，一旦看明白了，自己再把它独立地做一遍；或者有不会做的题目，就请教同学，人家一点拨，你只要找到思路，就别让那位同学讲了，应该自己接着那个思路，进行认真的独立思考。这样学习，才是非常有效果的。通过这道题目的铺垫，你的学习成绩就会悄悄地上一个台阶。

但是，有些题目，你看着非常陌生，甚至连答案都看不懂，说明你的水平与它的差距太大，你应该敢于放弃。

保持好学习的节奏

把拳头直接放在桌子上，再怎么往下压也产生不了多大的力量，但要是把它举起来，再往下砸，就会产生很强的冲击力。所以，我们在生活和学习中一定要讲究一种节奏。因为有了节奏，才有力量；有了力量，才有效率。

我经常在学生面前强调两句话,其中一句是:"**你可以长时间地不学习,但是你学习的每分每秒都必须是高效的。**"青少年都喜欢玩,这是一种天性,但学习是要求静下心来的,玩和学的关系需要处理好。处理好玩和学的关系,动静结合,你的生活就会因此充满欢乐和激情。

比如,你想出去踢球,就尽情地踢,踢得汗流浃背;你想听音乐,就纵情地听,陶醉在音乐的情境中。但是,你要学习的时候,就得把其他所有的东西都忘了。最忌讳的就是玩的时候想着学,学的时候想着玩,这就很难保证高效率。这不是单纯为了学习,而是为了养成一种有节奏的生活习惯。

大家平常一定要有意识地训练自己,只要往课桌旁一坐,首先想到的是,排除一切杂念,全情投入学习,用我经常讲的话来说就是"四大皆空,全情投入"。这样训练下来,我们的生活就会实现一种高节奏。

我经常讲的第二句话是:"七加一大于八。"意思就是,7个小时的学习,加上1个小时的锻炼,效果绝对大于8个小时的学习。也就是说,我们在生活、学习的过程中,要注意劳逸结合。

学生已经学得头脑昏昏,处在半睡眠的状态下,这个时候再学习,效率是非常低的。一个人在半睡眠的状态下学两个小时,可能还不如头脑清醒的时候学1个小时。既然头晕脑涨了,就不妨出去呼吸呼吸新鲜空气,或者听一段比较振奋人心的音乐,或者干脆闭上眼睛眯一会儿,待精力恢复了再学。

但是,休息也要控制一个节奏,头脑昏昏沉沉,感觉累了,去玩一会儿电脑/手机吧,本来学了1个小时,想出来放松10分钟,结果玩了两个小时,这就是不务正业了。

我们交叉休息,是为了保证有更好的精力来学习,如果一休息,就跟电脑/手机深度绑定,不愿意离开,那是不行的。

科学计划要坚持

你如果要求自己每天背 20 个单词，然后周末检查，保证自己每周检查的结果，至少能记住 80 个单词。这样坚持下来，你会发现，每周记百八十个单词，其实是一件很容易的事。

如果你要求自己，回家或者课后，首先要完成作业，然后才进行课外阅读，培养一些兴趣，或者安排一些课余活动，那么你会发现，你的作业，即便是有难度的也没有多难，你的生活也会很丰富多彩，最后你会建立起一种有条不紊、积极充实的生活秩序。

如果你要求自己，在 8 点钟之前，必须把这套卷子完成；或者两个小时之内，必须把这篇课文背会；或者一周之内，必须把这个学科复习完……做了这样一些限定以后，你会发现，和没有限定时相比，你的学习效率会更高。所以，**制订计划的科学性，就在于做一件事的时候，要定时、定量、定内容**。

我觉得，一个学生如果做到以上这些，必然能实现高效率的学习。一旦学习效率提升了，他的学习成绩肯定会不断地提高；能力一增强，课余时间肯定会更多。所以，请大家一定注意，**要想减轻自己的学习负担，只有一个办法，那就是提升自己的学习成绩，提升自己的学习能力**。学习能力越强，剩余时间越多，学习负担也就越轻。

02 / 好习惯是成功的保证

要养成一种良好的习惯,可能一开始会难一点。但是,一旦坚持了一个阶段,习惯成自然,那么一个普通的学生变为一个优秀的学生,也就成为一件很容易的事了。

有一句话叫:"播种行为,收获习惯;播种习惯,收获性格;播种性格,收获成功。"好习惯和成功之间,有着密不可分的关系。我有一个考上清华大学的学生,他在给他下一届的学弟学妹做报告的时候,讲过这样一段话。大体意思是,回想自己走过的路,他经历了三个阶段。第一个阶段,追求优秀。看着那些成绩优秀的学生,挺让人羡慕的,于是自己也力求成为那些优秀学生中的一员。第二个阶段,达到优秀。自己要在执着追求的过程中成为优秀的人。第三个阶段,习惯优秀。一旦达到优秀的高度,虽然不一定总是停留在优秀这个平台上,有时候可能要退下来,但是只要自己继续追求,优秀就会变成一种习惯。

决定学习成绩的三个因素

人大附中有一个学生叫刘朔,无论为人处世方面,还是学习成绩方面,都非常突出。他是人大附中学生会的主要干部,高考的时候,取得了数学满分的成绩,在数学竞赛中也获得了全国一等奖。正因为成绩如此突出,他在毕业那年同时被北京大学、香港大学和香港科技大学录取,后来他选择了香港科技大学。

有一次,在人大附中的升旗仪式上,他在全体师生面前谈了他的学习体会。当时谈的题目就叫《优秀是一种习惯》,讲得非常实在,也非常到位。他谈到,自己在中学阶段的行为,可以用一句话来概括,那就是"优秀是一种习惯"。确实,**一个人学习成绩如何,主要取决于三个要素:第一是智商,第二是学习条件,第三就是习惯。**

为什么除了众所周知的智商,学习条件和习惯也会对学习成绩产生决定性影响呢?其实,影响学习的因素大体上分为两个方面:一个是智力因素,就是智商;一个是非智力因素。有研究发现,非智力因素在一个人的成功过程中起的作用能达到90%以上,也就是说,智力因素在一个人的成功中所起的作用不足10%,所以非智力因素是最重要的。

刘朔强调,其实大家智商差不多,又在同一所学校学习,大家共有的学习条件也差不多,但是为什么同一所学校同一个班级里,不同的人之间会有那么大的差距呢?关键就是习惯。《现代汉语词典》(第7版)上讲,习惯是在长时间里逐渐养成的、不容易改变的行为、倾向或者社会风尚。由此可见,习惯是后天养成的一种比较确定的思想和行为方式。

他谈到,习惯是多方面的,而且是相互影响的。学习的习惯是由一些小方面组成的,要想养成学习的习惯,刘朔的第一个体会是,**要克服惰性,要舍得花时间,每天保证一定的学习时间**。他说,谁也不是天才,不可能不学就会。他们年级有一名同学,把初三数学练习册认真地做了一遍,数学成绩一下子提高了许多。

刘朔接着讲:"我们这些参加数学竞赛的同学,做过的习题不计其数。简单地说,要取得好成绩,数理化是做题做出来的,英语是背课文背出来的,语文是多写写出来的,时间是抓出来的。每天1小时可以干很多事。20分钟,可以背30个英语单词,可以读1至2篇好的散文。我给大家算一笔账,每天背10个单词,加上复习不超过10分钟,3年下来就是1万多个,考托福都有富余。"由此可见,有些事情你觉得难,其实很简单,只要你坚持做,积累起来,效果绝对超过你的想象。

我记得,我的孩子读高二时,有一次期末考试数学没考好。我告诉她:"你在哪儿摔倒,就在哪儿爬起来。你是因为平时没学好,所以期末考试才没考好,考试就是平时学习水平比较真实的再现。你寄希望于考试超水平发挥,有几个人有那么好的运气?既然平时没学好,假期就应该补上落下的课。"

当时她刚放了寒假,正好有一个补差的机会。于是,我就跑到西单图书大厦,给她去挑辅导材料。学生已经把课本学过一遍了,要再学一遍肯定不太感兴趣,所以我就在茫茫书海里,给她挑出了一本叫《同步作业本》的材料。一节课对应着一套作业,题量不大,但是有针对性,覆盖面也挺广,一套作业大约半个小时就能做完。

我买回这本书以后,就跟我的孩子讲:"你不是这半年没学好吗?这半年大约也就50多节数学课,你看这本书上正好有50多套作业,你利用寒假期间,每天做3套题,一套半个小时。只要你把这本书做完了,你的数学成绩肯定就上来了。"

我的孩子一听,这事儿不难。一天拿出1个半小时,把同步作业做一下,寒假还能有很多玩的时间,而且自己的成绩也能提高,她觉得有章可循,目标明确,做起来也很容易,就非常自觉地把这本书做完了。结果,新学期开学以后,她的数学确实就"转危为安"了。所以,从这个意义上来讲,**学习确实不是一件多么难的事,只要你肯投入。**

我的另一个学生谈到他的学习经验，也提到了类似的观点。他说："当别人看到我们拿到题就会做，以为我们多么聪明，能力有多强的时候，其实他们没有看到，这成功背后那不为人知的一串串长长的足迹和一滴滴辛酸的泪水……我们周末被那些竞赛题'折磨'得死去活来的时候，你在干什么？我们接受高难度的奥林匹克竞赛夏令营、冬令营'折磨'的时候，你在干什么？"

因为做了大量的题目，经过了艰苦的努力，所以他们大脑中多了一些积淀，遇到难题的时候，就多了一些灵感，多了一些速度。这不一定是因为聪明，而是因为他们更加勤奋，付出得更多。

用高标准要求自己

刘朔的第二个体会是，**学习要讲求方法，少走或者不走弯路**。你再用力，花的时间再多，如果方法不对，尽走弯路，效果也不会好，还会影响信心，打击自己的积极性。怎样做才能不走弯路呢？首先，起点要对，就是要养成一件事从开始就把它做正确的习惯，不要稀里糊涂、不假思索地就开始，等发现错了再改，肯定浪费时间。

这方面我有体会。比如说学习打字，要是一开始就按照那种比较正规的指法练习，虽然开头慢一点，但是坚持练下来，一旦熟练了就可以盲打，速度很快。但是，你要一开始嫌烦，觉得这个指法怎么这么别扭呢，就另行一套，甚至只用一根指头，像敲竹杠子一样那么打，你的打字速度很难提高。所以，凡事起点要对。

其次，标准要高。有些学生学乐器，一开始学的时候，或者靠自悟，或者找一些水平不高的人来辅导自己，结果一旦动作不标准，将来要纠正起来可就难了。如果有一个比较专业的、水平比较高的人，从第一个动作开始教你，一旦你进入正常状态，你的发展速度就会非常快了。

刘朔讲到："学数学，学了概念和公式，不一定会做题，会做题了未必能讲明白。你如果按照参加数学竞赛或者能讲明白的标准去学数学，那么在考试中取得好成绩是没问题的。"他的体会是，用高标准学习和用低标准学习，所用的时间是差不多的，可结果却差很多。

几种优秀的习惯

刘朔的第三个体会是，**注意力要集中，要养成专心致志的习惯**。注意力集中了，效率自然就提高了。还有就是要思考，养成动脑筋的习惯。要善于挖掘，善于总结，学会抓本质找规律，善于联想和想象，举一反三。这不仅是解决现实问题的办法，而且是创新思维的基础。

他讲到："养成好的行为习惯，实际是在学习做人。我给在座的同学们提几个问题：各位说过谎话吗？讥笑、讽刺过别人吗？骑车闯过红灯吗？排队插过队吗？说过脏话吗？书包是自己收拾的吗？"

我想不管怎样，**第一要坦诚**，讲实话做实事，千万别撒谎，别作假，否则会影响你一辈子。我现在搞企业，才有非常深刻的体会。我充分地感悟到，信誉是最高的成本。一个人一旦失去了别人的信任，可以说就失去了一切。

我记得，有一名员工，我本来想把他当成骨干力量加以培养。有一次，他瞒着我做了个小动作，本来是一个股份制的分配方案，他没有向我汇报，就把这个方案偷偷地修改了。就这一件事，使得我对这个人彻底失去了信心。诚信是含金量最高、成本最高的东西，一个人要从中学期间就开始培养诚信，这太重要了。

第二要尊重人。要珍惜别人的优点，宽容别人的缺点，学习别人的长处，理解别人的难处，赞美别人的成功，谅解别人的失误。

第三要守规矩。法律法规要遵守，制度纪律要遵守，其他一些秩序和规矩，合理的也要遵守。

第四要讲究礼仪。要注意自己的站姿、坐姿、走姿，衣着要整洁，与人交谈要注视对方，这一点很重要。2008年奥运会闭幕式上，伦敦市的市长到北京来交接奥林匹克会旗，就因为西服的一个扣子没扣上，全世界的舆论就为之哗然。

第五要自己的事情自己做。

第六要团结协作。

还有一些，比如要勇于克服困难，乐于接受挑战，要坚强沉着，百折不挠，乐观豁达，心胸开阔……

也许，有的同学认为，我说的这些标准高了一些。其实这三年来，我和我的许多学生都在努力这样做，因为现代社会对人的标准就是这样。一个人站在1楼和站在3楼，眼界是不一样的。我们要想让自己将来有所成就，就得一开始让自己站得高一点。

有一次，我领着学生出去搞篝火晚会，学生们平常学得也很累了，所以都玩得挺高兴，闹了个通宵。第二天临走的时候，学生们都上车了，我到他们宿舍去转了一圈，发现那里乱得像猪窝一样；我再到他们吃饭的餐厅一看，发现吃剩的稀饭、馒头都摆在桌面上，地面也很脏。我当时就想，要是人大附中的学生走到哪儿，就把垃圾扔到哪儿的话，素质也太差了。于是，我上车给他们讲了个故事。

我说，有一年，亚运会在日本召开，头天晚上组委会搞了一个开幕式的预演。举办预演的那座体育馆能容纳8万人。预演仪式结束后，在场的记者发现，偌大的体育场竟然干干净净，连一片纸屑都没有。

我就讲了这么几句就下车了，结果学生们纷纷下车往回跑。司机很纳闷，怎么都跑了呢？我说，一会儿他们就回来了，放心吧。学生们都去做什么了呢？有的学生回到宿舍里，打扫卫生，收拾床铺；有的学生跑到餐厅里，擦桌子，摆桌子，拖地板……半个多小时过去了，一个个累得气喘吁吁地回来了。我再回去看了看，到处都干干净净的。

我上车以后告诉学生们："如果人大附中的学生走到哪儿，就把垃圾扔到哪儿,那么我们自己的品位就沦落成垃圾的档次了,所以请你们记住今天的表现,这才应该是人大附中学生应该有的行为准则。"

自此以后,这个班连班级日常的教室卫生都保持得很好。

由此,我们也不难看出:要养成一种良好的行为习惯,看似很难,但是如果一开始用比较高的标准要求自己,就能够做得很好。

养成良好习惯的六个秘诀

怎样才能养成好的习惯呢?

第一,要有目标。

人活着总得有个方向。说到小的方面,习惯的养成也是同样的道理。树立好目标后,就要能抵御诱惑。比如,网络游戏虽然好玩,但深陷其中真的耽误事。学习效率越高,我们玩的时间就越多,可一定要玩有益于身心健康的东西,而且一定要管住自己。

刘朔特别强调,人是一种很奇怪的动物,有些事是该做的,有些事是想做的,要命的是,该做的往往不想做,想做的又往往不该做。怎么办呢?只能靠管住自己,想办法把想做的纳入该做的范围,把该做的有兴趣地做好。能比较自觉地这样做了,就是成熟。他说:"现在我和我的一些同学,已经能够在学习的成功中享受到巨大的快乐,那是任何游戏都不能相比的。"

第二,要从小事做起,注意细节。

一个人的习惯好不好,素质高不高,往往反映在小事上。

第三,要开好头,不要开坏头。

习惯是通过过程养成的,只要想好了准备做的事,就要果断地开始,不要拖,不要等。比如,你打算背单词,那就立刻开始背;打算写日记,那就立刻开始写。一段时间之后,你会觉得它已经成为你生活的一部分了,到时候就自然去做了,好习惯就养成了。

第四，要咬牙坚持。

开了好头，还要持之以恒，千万不能松懈。刘朔谈到，他从小学一年级开始写日记，一天都没有间断过，有时累得实在不想动，病得起不来床，还是咬牙顶住，把日记本放在床头，写一句也要写。事后会更加珍惜自己的成果，越来越不忍心放弃，于是就形成了好的习惯。

第五，要创造好环境。

可以和几个同学约好，大家相互督促，形成一个相互竞争、相互帮助的氛围。这个氛围一旦形成，往往对学生的学习影响很大。从这个意义上来讲，建设学习气氛良好的班级，对于学生个人的成功是非常重要的。

第六，不找借口。

我发现，现实生活中，很多人做错了，却不肯承认错误，不去深刻地认识错误的根源在哪儿，反而总是去找一些客观原因。这于问题的解决毫无益处。所以，有时候，我的一些员工没有完成任务，或者做错了事，到我这儿反反复复地解释，我就告诉他："如果你的智慧全用在怎么找理由上，你不觉得它用错了地方吗？人最容易原谅自己，事情没做好，想办法找一些原因，让自己心安理得，这是一种坏习惯。它会让你软弱，让你偷懒，让你逃避，让你丧失勇气，让你不去反思，不去分析原因，不去总结经验，导致你丧失了智慧，还丧失了诚信，这太糟糕了吧？"

一个人要养成一种良好的习惯，可能一开始会难一点，但是一旦达到一定的高度，或者一旦坚持了一个阶段，习惯成自然，一切就进入一种自主的状态了。这样一来，一个普通的学生变为一个优秀的学生，也就成了一件很容易的事了。

03 / 好头脑创造好成绩

> 大脑是思维的花朵,我们要懂得科学用脑,讲究用脑卫生,千万不要把它糟蹋了。

大脑是思维的花朵,我们要懂得科学用脑,讲究用脑卫生,千万不要把它糟蹋了。

虽然大脑在一个人还没出生的时候就已经存在了,但是你真的认识你的大脑吗?要了解大脑,先要了解下面的几个数据:

第一,一个成年人的大脑约有1000亿个神经元,能存储约7.6亿TB的信息,大体相当于1万个藏书量为1000万册的图书馆。

第二,一个人的一生,大脑的智力仅仅开发了10%。就像爱因斯坦这样的重量级科学家,他的大脑也仅仅开发了不到20%。也就是说,对于一个普通人来说,终其一生,90%的大脑潜能很难被挖掘出来。

第三,一个人的大脑越用越灵。我们不要担心孩子过于刻苦,把脑子用坏了怎么办。研究发现,经常动脑的人的智力比懒惰不思考的人高50%。

一个勤于思考的人，智力发展得快，大脑的潜能挖掘得多；一个无所事事、比较懒惰的人，智力衰退得就快，甚至会出现老年性痴呆。

……

从以上这几个方面认识了大脑后，在平常的学习中，我们就得讲究用脑卫生。

饥饿伤胃更伤脑

人的大脑需要的葡萄糖源于肝脏中储存的能量，也就是肝糖。一旦一个人处于饥饿状态，肝糖就会自动释放出来，这时大脑就会因缺少葡萄糖的供应，处在被抑制的状态。也就是说，大脑没法正常运转了。我们应该都有这样的体会：在非常饿的时候，大脑一片空白，什么也不想干，什么也记不起来。出现这样的情况就是因为这个道理。

所以，不要在饥饿的状态下学习。特别是现在，很多学生早晨 6 点起床，简单地吃一点儿就开始学习，有时起晚了甚至不吃早饭，然后一直要学到中午 12 点，这中间有 5 节课。一般情况下，到了第 4 节课，就不是学习了，简直就是与饥饿做斗争。到了第 5 节课，甚至饿得发慌，整个人摇摇欲坠。在这样的状态下，学生是无法好好学习的。

那么，应该怎么解决这个问题呢？早餐一定要吃好，多吃些蛋白含量较高的食品，比如牛奶、鸡蛋、牛肉等，以保证自身能量的供应。

饭后学习毫无效率

一个人吃完饭之后，胃部需要大量的血液来消化刚吃过的食物，但人的血液量是有限的，大量的血液参与胃部消化，大脑就会缺少血液供应，处在被抑制的状态。大部分人在吃完午饭之后，都会犯迷糊、想睡觉，就是这个道理。另外，一个人刚吃完饭就坐在那儿学习，暂且不说学习效率，对身体也非常不利。长此以往，压迫正在处于消化状态下的胃部，极有可能形成胃部的积淀而导致胃下垂。"饭后百步走，活到九十九"，还是有一定科学依据的。

污浊的空气更有害

大脑的活动需要氧气，而氧气源于新鲜的空气。在学习的过程中，大脑运行需要大量氧气的参与，但是如果在空气污浊的环境中，人就会因为缺少氧气变得头昏眼花。

北方的冬天天气比较冷，教室里因为有暖气反而很暖和。一个班几十个学生都坐在教室里听讲，又不开窗，每个学生都是一个二氧化碳排放器，这样教室里的空气就变得污浊不堪。可学生们在这样污浊的氛围中都习惯了，根本不以为意。

这时，外面要是有人推开教室的门，就会感觉有一股热浪，掺杂着各种不好闻的气味扑面而来。这样的学习环境会严重损伤学生的大脑，影响学生的学习效率，乃至身心健康。

我当班主任时，一直有一个规定：凡是靠窗的同学，下课后的第一个任务，也是必须完成的任务，就是马上把身边的窗子全部打开，让外边的新鲜空气进来，把教室里这节课"排放"的二氧化碳全部散发出去。上课了，把窗子一关，大家呼吸着新鲜空气，学习效果就好多了。

这一点很重要，而且不费什么事。特别是冬天，一定要让学生养成下了课就把窗子全部打开的习惯。如果孩子在家里学习，家长也要注意为孩子创造空气流通的学习环境。

要养成规律的生活习惯

生活一定要养成规律，要有节奏感。我们应该形成一种生物钟，比如说该几点起床就几点起床，该几点睡觉就几点睡觉。当学习生活形成一种很强的规律时，大脑的负担也就会相应地减轻很多。

比如，说起床，到时候就起来了，大脑不需要思考，但是有些懒虫到该起床的时候，还得痛苦地做思想斗争：现在能不能起床？要不再睡5分钟？有的学生经常为了起床，做这种无谓的思想斗争，甚至有时候家长叫了好几遍还起不来，而且每天的起床都是这么磨磨蹭蹭的。

如果这个小小的行为都不能形成一种规律的话，那大脑就要跟着你受罪了，什么事都得动脑子，都得去思考。

通过锻炼身体来锻炼大脑

这里不仅是说要强身健体，更重要的是要形成良好的生物钟，调节自己的心态、情绪。比如，在高中三年，我一直要求我的孩子除了学校安排的体育锻炼之外，每天晚上9点必须出去跑步。起初她不愿意出去跑，我就陪着她跑，后来她养成习惯了，每天晚上9点一到，就很自觉地去操场跑步。当她锻炼回来之后，她的身体处在兴奋状态，血液循环也比较快，这对大脑是一种刺激，这个时候学习的话，效率特别高。

但是，学了1个多小时，身体就开始感到疲劳了，这时疲劳的身体就会抑制大脑，大脑就警告你抓紧时间睡觉。再不睡觉，身体的每个部位都要提出抗议了。疲劳的身体逼着她去休息，这时人睡得快，睡得也投入，睡眠质量也好。

众所周知，一个人要是在半睡半醒还做梦的状态下睡觉的话，有时候就算睡8个小时，也起不到应有的作用。整个人不仅不清醒，还会感觉头脑昏昏沉沉的。要是踏踏实实地睡觉的话，哪怕睡6个小时，也会感到浑身清爽。所以，睡觉也有一个效率问题，有一个节奏问题。那些经常进行身体锻炼的人，入睡就快。那些不经常锻炼的人，可能经常失眠，长时间睡不着还会影响学习。

我本人比较喜欢游泳。工作了一天，回家以后吃完饭，累得什么都不想干，有时候就想躺在沙发上看电视，但是我需要以身作则，这就要求我得锻炼身体，硬逼着自己去游泳。一个猛子扎下去，一口气游1000米，出来以后冲一个澡，就感觉神清气爽，精力旺盛，干什么都有效率。所以，游完泳后，我常会庆幸，多亏自己来游泳，要不然的话，这一晚上就只能躺在沙发上迷迷糊糊地看电视，其他什么事也做不了。游完泳就不一样了，我有很好的精力，还可以做很多事。

我在沂水一中当数学老师兼任班主任期间，班上大部分学生都是农村的孩子。当时农村的条件比较艰苦，作为班主任，我没有能力改善他们的生活，但是可以帮他们打造健康的身体。俗话说，身体是革命的本钱，没有好身体，一切都是白费。于是，我就向学生们公布了一个大家必须遵守的规定：除了学校安排的早操、课间操之外，还必须在两个时间段加强锻炼。

一个时间段是下午上完4节课之后的课外活动时间。课外活动之后就是吃饭时间了，很多学生会利用这段时间学习。我要求班上的所有学生都出去跑步。上哪儿跑、跑多少我不管，但我要求，每个人回来以后必须汗流浃背。我会站在门口一个个地验收。

如果哪个学生回来以后，脸不红、气不喘，就说明他活动量不够，这时我就会采取措施：第二天我上数学课的时候，让课外活动不合格的几个学生去操场跑步，补昨天的，什么时候跑得汗流浃背了，什么时候回来上课。

学生一听，数学这么重要的课听不到心里着急，出去后就使劲儿快跑。当时是冬天，跑出汗来还是一件挺难的事，但为了听数学课，几个学生在操场上拼命地跑，终于合格了。

有些学生开始的时候非常不习惯，我这样罚了他们两次以后，全班学生就形成了一种自发行为：只要下了课，在田间小道、学校的操场上跑步的，全是我那个班的学生。

另一个时间段是晚上。农村中学（高中）要上3节晚自习，第2节晚自习和第 3 节晚自习之间有 15 分钟休息时间,我就要求这 15 分钟所有学生都要出去跑步。跑完回来以后,最后那节晚自习大家的学习效率特别高。上完晚自习,身体就开始疲劳,回到宿舍倒头便睡,睡眠质量也比较高。我是从农村出来的,我很清楚,如果在农田里干了一天的活儿,回家之后,根本不会失眠,甚至鞋都来不及脱,在地上都能睡着。

当然,这种体育锻炼最好是有氧运动。我原先不知道什么叫有氧运动,还以为有氧运动是在有氧气的地方运动,后来才知道有氧运动是主要以有氧代谢提供运动中所需能量的运动方式,可以让运动者心跳加速,促进血液循环,提高睡眠质量。

保证睡眠质量

一个中学生正常的睡眠要求是,每天平均保证 8 个小时的睡眠。如果一天保证不了 8 个小时的睡眠,就会使学习效率受到很大的影响。不过,我说的这 8 个小时的睡眠,并不是说每天都得保证 8 个小时,而是说平均保证 8 个小时。

住校的学生还好一点,中午有午休,晚上睡 7 个小时,这样每天都能保证 8 个小时的睡眠。但是,北京很多学校的学生是走读的,他们大部分早上 6 点就要起床,中午只有 1 个多小时的午休时间,接着就开始上课了,到了晚上 9 点才回家。这 15 个小时,他们始终处在比较紧张的状态,是难以保证学习效率的。

我在人大附中当班主任时有个规定:我带的班上课可以很闹,课间也可以很闹,但是有一个时间是绝对要保证安静的,就是午休时间。午休时,我安排班干部值班,保证教室里绝对安静,学生进来了就不能再出去,出去了就不能再进来。在教室的学生可以学习,但是只能自己悄悄地学,不能跟别人讨论,不能影响别人。我要求大部分学生尽量在这段时间趴在桌上睡一觉,即便睡不着,闭目养神也好。

一开始学生不太习惯，在我的"强迫"下，学生逐步形成了习惯，到最后发展到什么程度呢？有些班中午乱哄哄的，学生们有的玩闹，有的学习或者讨论问题，甚至还有老师进去讲课。有些学生实在撑不住了，又没地方休息，就跑到我带的班里午休。

欧洲有些国家规定，本国公民每天中午都得保证1个小时的睡眠时间。其实，即便没有1个小时，哪怕能保证半个小时的睡眠时间，也能起到给人们"加油"的作用。试想一个学生早上6点起床，晚上11点才能睡觉，这么长的时间，中间要没有"加油"的话，他很多时间都会在迷迷糊糊的状态下度过。

我们可以这样安排我们的生活，比如每天晚上睡7个小时，中午再睡半个小时。到了周末，我要求我的学生，只要能睡着就尽管睡，甚至可以睡到中午12点。因为只要能睡着，说明你生理上有这方面的需要。这样的话，平常每天睡7个半小时，到了周末好好地补一觉，平均每天能保证8个小时的睡眠时间，学生的学习效率就能得到保障。

04 / 拥有好的记忆力才能事半功倍

> 遗忘是一种很正常的现象,和遗忘做斗争的最有力的工具就是重复。

记忆力的好坏直接影响学习的效果。有些人记忆力好,过目不忘,这样的人还有什么学不会的呢?有些人学完就是记不住,需要反复记,用了很多时间,效果也不一定好。培养良好的记忆能力,也是学习的一个很重要的方面。

一个有学问的人,首先应该是一个知识丰富的人。一个人如果脑袋空空,一问三不知,竟然还能成为一个有学问的人,这不是笑话吗?一个人要想成为有学问的人,或者有能力的人,头脑中就应该有渊博的知识,而这是需要靠记忆的。我们怎样才能提升自己的记忆力呢?

小小压力提升记忆

我们想记住一些内容,要有一些压力和紧迫感。我在我教的两个平行班里做过一个实验:早读时,我让两个班的学生同时背诵一篇课文,不同之处在于，我在 A 班说："大家背诵课文，10 分钟之后，我来检查背诵的效果。"我在 B 班只说了"大家背诵课文"，没有强调 10 分钟之后来检查。结果，10 分钟后，检查的结果显示 A 班的记忆效果比 B 班好得多。

这个实验引起了我的反思：为什么有没有时间限定，记忆的效果差这么多？这说明记忆一定得有紧迫感，有适当的压力，往往效果更好。

心无杂念天地宽

大凡要进行记忆，就要尽量注意排除一些干扰，即此期间安排的内容相对比较单一，这样大家就可以集中精力各个击破。

这是在一所小学的两个平行班搞的实验：一个班让学生一边听故事，一边做口算；另一个班先让学生听故事，再让学生做口算。这两个平行班要完成的任务是一样的：既要追求口算的正确率，还要把听到的故事复述出来。

实验结果显示：第一个班不仅口算的正确率很低，也没有几个学生能复述那个故事；可是，第二个班不仅口算的正确率很高，对故事的复述也比较准确。由此可见，同时干两件事和分别干两件事，效果会差很多。也就是说，一个时间段内应该比较集中地去干一件事。

一些家长会因为孩子的记忆问题来找我："王老师，我的孩子一边戴着耳机听音乐一边学习，我强调过很多次，他就是不听，怎么办呀？"

可能现在的中学生比较追求时髦，觉得一边戴着耳机听音乐一边学习显得很酷。作为班主任，班里学生的家长提出这样的问题，我得想办法解决。可我要是在我带的这个班强制规定，学生在学习的时候不准听音乐，又会显得很武断。我不敢轻易做出这个规定，还是用事实说话吧。

于是，我又搞了一个实验，还是找两个平行班。我跟英语老师配合，找了两组单词，一组 25 个。然后，让一个班一边听音乐，一边背这 50 个单词；另一个班不听音乐，集中精力背单词，看看效果怎么样。

实验的结果显示，听着音乐背单词的那个班比不听音乐的那个班，平均每人多错6个单词。我把实验结果公布后，学生们也大吃一惊。由于活生生的事实摆在眼前，我的学生就接受我的观念了，只要学习，就要排除干扰，集中精力。既然要记忆，就尽量排除那些影响记忆的因素，这样记忆的效果会更好。

理解的内容才好记

其实，好多问题，你只要理解了，就记住了；你不理解它，只去硬性的记忆，可能用的时间很长，也记不住，就算记住也会忘得很快。

数学上有很多定理，你要把它们记下来很难，但当你用到某个定理时，把这个定理求证一遍，它就会活灵活现地展现在你面前，你不用刻意去记就记住了。比如，三角函数这一部分，特点就是公式多，要是把这些公式全都记住，负担是很重的。但是，我的学生都能掌握得比较好。他们是怎么做到的呢？

我让学生们详细地顺着源头，一步步地把这些公式推导一遍，看这些公式是怎么得到的。学生们推导了一遍之后，感觉这些公式就像他们自己发明的一样，再去记忆就很容易了。即使忘了也不要紧，再从头推导一遍就行了。

记得有一年，有个高一的学生找到我，说自己数学学得很一般，希望我能给他点拨点拨。他是拿着一套卷子来我办公室的。卷子上有这么一道题：

$$y = \sin^2 x + 3\sin x \cos x + 4\cos^2 x$$

求这个函数的最值。

我一看，高一的学生连这道题都不会做，可见他的基础不怎么扎实。

是的，这道题我几句话就能给他讲明白，但我不能光给他讲这道题，而必须考虑他的问题出在哪儿，否则同样的题他还是不会做。

想到这里，我就问他："降幂公式会吗？"

他说不知道。

我心想今天碰着"高手"了，就继续问："三角函数的倍角公式会吗？"

他想了想："没有印象了。"

我继续往回退："两角和与差的三角函数会吗？"

他想了想："$\sin(\alpha+\beta)=\sin\alpha\cos\alpha+\sin\beta\cos\beta$。"

我都想跳楼了，一个高一的学生，两角和与差的三角函数都记不住，还有什么可说的？我这个人也比较固执，但凡我要帮助的学生，哪怕他的基础再不扎实，我也要帮他帮到底。我想，今天豁出去了，非要把他不会的根源挖掘出来不可，就继续往回退："任意角的三角函数定理，你知道吧？"

他说不知道。

再往回退，一直退到初二的内容上："锐角三角函数的定义，你知道吧？"

他说："老师，您能不能说得具体一点？"

我说："在一个直角三角形里，$\sin\alpha$ 等于什么？"

他眼睛一亮："$\sin\alpha$ 等于对边比斜边。"

我说："就是它。"又问："$\cos\alpha$ 等于什么？"

"$\cos\alpha$ 等于邻边比斜边。"

"$\tan\alpha$ 呢？"

"$\tan\alpha$ 等于对边比邻边。"

我总算松了一口气："好，我们就从它开始。"

为了把这个学生的问题解决，我把讲解的起点定到了初二的内容，从初二学到的三角函数基础知识开始讲起。

我说:"跟着我想,我们要把这个直角三角形平移到直角坐标系下找边,你看那个斜边成了直角坐标系下的一个角的终边,那么你说,$\sin\alpha$等于什么?$\cos\alpha$等于什么?"

他一想,就出现了任意角的三角函数定义;然后用任意角的三角函数,我引导着他派生出同角三角函数间的基本关系:平方关系、商数关系、倒数关系,这些都是他自己推导的。随后,我继续引导这个学生往前走。结果,在我的引导下,用了两个小时的时间(其实是两个多小时),这个学生竟然从锐角三角函数的定义开始,把他学过的所有三角函数的公式全部推导了一遍。我在旁边看着,他的鼻尖上都冒汗了,整个人状态非常投入。

我说:"今天的课就上到这儿吧,我看你这两个小时把三角函数的内容全给搞定了。"

他吃了一惊,问:"老师,多长时间了?真的过了两个小时吗?"

我说:"你看看表,咱们从8点开始,现在都10点多了。"

他说:"老师,原来学习这么好玩!我学了这么多年数学,也没找到一次这样的感觉。这两个小时我怎么把三角函数全给搞定了?"

我笑着问:"现在三角函数的公式还需要记忆吗?"

他说:"不需要记忆,我现在绝对能记住。因为我都会推导它们了,我还怕它们吗?"

在理解的基础上加以记忆,这是一个很好的办法。碰到记不住的公式,自己推导一下,就算考试时一时想不起来,现场推导都来得及。而且,你推导过几次,那个公式就会逐步成为你永恒的记忆,想忘掉都很难。

喜欢才能记得快

人们一旦喜欢什么东西,记起来就比较快。比如,电视剧《红楼梦》的插曲《葬花吟》,曲美词更美。听到这首歌,我就感觉,要是不把《葬花吟》的歌词背下来的话，简直就与人世间最美的东西失之交臂了。因为对它特别喜欢，对其描述的情景特别感同身受，所以我就产生了记下来的欲望。而且，我突然发现，虽然它虽然很长，但记起来很容易。

再如，有一次我到南昌去，游览了滕王阁，读到了王勃写的《滕王阁序》。《滕王阁序》很长，而且很难记，但是我一想到滕王阁当时的社会背景和动人的故事，基本上就把《滕王阁序》记住了一半。再一想王勃这么有才气的人，在那样的情况下才思泉涌，写出了这么一篇气势磅礴的文章，我就特别感兴趣。一感兴趣，我就把它背下来了。

因为喜欢，所以记起来就快，这提示我们，处处留心皆学问，在学习的过程中应该善于发现美。生活中并不缺少美，缺少的是发现美的眼睛和心情。你如果感觉这个东西挺美，就愿意把它记下来。从另一个角度想，你如果需要记住什么，首先就得喜欢它。比如，要背下来一篇文章，最好先跟它培养一下感情，等到你喜欢上它，想要背下来就容易多了。

系统记忆更有效率

说到系统记忆，我感受最深的就是高中的立体几何。立体几何定理多，公式多，而且它们又比较实用，常会成群结队地出现在题目里。学生要把它们都记下来，确实负担很重。于是，我帮学生梳理了一个框架，让学生记起来容易些。

具体说来，立体几何一共包括一个基础、一个定理、两种关系、三个角、四个距离。在黑板上把这个主干一写，我就开始给它"添枝加叶"了，引导着学生想"一个基础"是什么。"一个基础"就是立体几何当时产生的理论基础，即四个公理、三个推论，学生略一思考就能想起来。

"一个定理"是什么呢？就是三垂线定理。三垂线定理在立体几何中是一个核心的定理。

"两种关系"就是平行、垂直关系。平行分线线平行、线面平行、面面平行，垂直又分线线垂直、线面垂直、面面垂直。线线平行，教材上给出了五种判断方法，我让学生自己去找这五种方法。

怎么找呢？教材上的公理、定理都可以作为判断方法，教材上的黑体字，即使出现在习题里，但只要是黑体字，也可以作为结论用。听了我的话，学生就不是一页一页地仔细看书了，而是一本一本地看。我要求学生学会证明每个判断方法，学会三种表达方式，这样学生做起来就会感觉很轻松。

"三个角"就是两条异面直线组成的角、直线和平面组成的角、两个平面组成的角。

……

在这样的枝干下，引导着学生顺着每个分支往下联想，他们就会浮想联翩，就会把这本书装在自己的心中，记起来就很轻松，而且他们非常乐意做这样的事情。

所以，我觉得要想增强记忆力，就需要在一种整体的架构下进行科学的规划。有了整体架构的加持，大家记忆的负担就很轻，而且记忆的效果会很好。

当然，记忆最重要的就是要多重复。我上大学的时候，有位老师给我们开过一个玩笑，我到现在都记忆很深。他说，学了东西过目不忘的人是不长命的，一个正常的人都会遗忘的，遗忘是一种很正常的现象，**但和遗忘做斗争的最有力的工具就是重复**。期中复习、期末复习、每周小结等，都是很好的重复，可以有效地增强记忆。

05 / 听课也要有效率

> 学生从老师这儿得到的东西应该是课下自己学习时很难得到的。如果一个学生在课堂上不能保证高效率听讲,他的损失就将是巨大的,可能课后他得用三五堂课的时间来弥补。即便如此,也不一定能弥补过来。

考试时的高水平发挥源于平时学习打下的扎实基础。怎样才能搞好平时的学习呢?我觉得,最重要的一个环节就是提高听课的效率。

学生一天主要的时间都用来听课,听课就是在老师的引导、帮助下学习,所以每天保证课堂的听课效率,是搞好学习的一个关键环节。老师们经过多年的积累,对自己所教学科的把握、理解、领会比学生要高得多,再加上教研组的老师一起备课、一起探讨,最后凝结成一节课的内容,在课堂上展示给学生的时候,学生就等于站在巨人的肩膀上。

此外,学生从老师这儿得到的东西应该是课下自己学习时很难得到的。如果一个学生在课堂上不能保证高效率的听讲,他的损失就将是巨大的,可能课后他得用三五堂课的时间来弥补。即便如此,也不一定能

弥补过来。

一个学生的学习一般分成三个环节：课前、课中、课后。我发现，高科技的手段能发挥作用的地方，只能在课前的准备预习和课后的复习中。

有人对此心存怀疑。在他们看来，完全可以在全国找几位非常出色的老师，在网络上直播讲课，让全国的学生可以随时随地在线学习。这样既节省了大量聘用老师的费用，又因为找了最优秀的老师，能达到比较理想的讲课效果，是一举数得之事。

实际上并非如此。课堂充满了师生相互沟通的真情碰撞，充满了人性关怀的光芒。老师和学生之间的一个鼓励的眼神、一个友好的微笑，或者学生去黑板上做题，做完之后的那种成就感，老师表扬或者同学给他掌声之后的那种荣誉感，同学之间相互交流问题、相互竞争、相互帮助形成的那种学习的氛围……这些东西是任何高科技的手段都提供不了的。

一个会学习的学生，首先得保证在课中高效率听讲。要做到这件事，我认为应注意如下几点。

完成作业是提高听课效率的前提

老师每讲完一节课，尤其当这节课的内容很重要，或者这节课的内容是后续课程的铺垫的话，一般都要布置作业。这种作业其实就是让学生温故知新的。学生通过做作业，可以让自己在上一节课学到的内容得到巩固、夯实、提高，这样下一节课听课的时候就会轻松。

如果下一节课老师要讲的内容，恰好是在上一节课的基础上展开的，老师上一节课布置的作业学生没有认真完成，下一节课听着就很累，于是就形成了一个恶性循环：上一节课没学好的东西影响到下一节课，下一节课听不懂又会影响以后的，遗留的问题就像滚雪球一样，越滚越大。到最后，很可能会出现这样的局面：因为一次作业没完成，这一阶段的学习效果都很差，甚至积重难返。由此可见，对老师布置的作业必须认真对待。

遗憾的是，现在很多学生不重视作业，有时候就是应付，甚至还有学生抄袭。确实，现在学生也很辛苦，进入中学，尤其是高中阶段后，要学习的科目比较多。这个学科布置作业，那个学科也布置作业，导致学生经常完不成作业。还有媒体透露，如果一个学生把各科老师每天布置的作业都做完的话，即使在精力比较旺盛的状态下，他大约也得做到第二天早上，精神萎靡的时候就更别提了。

诚然，这种失控的现象确实存在。学校如果不注意整体作业的协调，不注意对老师这种行为的限制，就会导致很多老师不负责任地布置大量作业，学生经常做到深夜也做不完，影响睡眠，从而影响第二天的听课。

那么，遇到类似的情况，学生该怎么办呢？不能因为作业多，就不睡觉了吧？我觉得，学生要注意选择。比如，今天布置的数学作业，要是对明天的数学课有着非常重要的影响，你就应该优先保证把数学作业做好。今天布置了物理作业，但是明天没有物理课，如果时间确实不够，你可以把物理作业暂时放一放。当然，我说的是在时间严重不够的前提下。因为学习时候太磨蹭、太贪玩而出现完不成作业的情况，不在此列。

预习功课才能在听课时有的放矢

预习并不是说把下一节课的内容自学一遍，而是利用大约5分钟的时间，把第二天老师要讲的课程快速地看一遍。

这5分钟的付出能产生三个效果：

第一，你知道老师明天要讲的内容哪些是自己熟悉的，哪些是自己比较陌生的。一个学生很难保证一堂课上下来精力始终高度集中，你可以通过这5分钟看一看，在明天老师要讲的内容中，自己对哪些内容确实感觉比较陌生。这样，第二天老师讲到这个地方的时候，你就会自然而然地集中精力了，这样听课时就有非常好的针对性。

第二，一个人的探寻精神往往体现在会对陌生事物产生兴趣，如果一看老师明天要讲的内容挺新鲜，你的学习兴趣就被激发起来了，你往往就愿意主动去学习。

第三，通过提前预习，你可以对未知的领域做一番思考，这样你的自学能力就会得到很好的培养。

其实，大家都知道，21世纪就是一个终身学习的世纪。一个人在学校学的那些东西是微不足道的，需要在工作之后不断地涉猎大量的新知识，**所以自学能力是一个人非常重要的生存能力，你通过预习能够提升自己的这种能力，可以使自己受益终生。**

不要以为预习是一件很难的事。对于一个学科，你只需拿出5分钟，就能够做好。如果一天有6节课，每节课拿出5分钟来，一天只需30分钟就可以做好预习。但是，这30分钟对你以后的学习带来的积极影响是不可估量的。

老师讲课要留有余地

讲课要留有余地，是对老师提出的建议。既然学生很难做到课上始终精神高度集中，那么老师就得保证，在最短的时间内把最重要的东西讲深、讲透，然后腾出一些时间让学生互动、练习做题，这样的课堂才是高效的。如果老师"满堂灌"，一节课全是老师讲，中间没有任何互动，学生往往难以集中精力，这样的课堂效率不可能高。**一堂课最重要的不是看老师讲了多少，而是看学生接受了多少。**

有些老师上课时根本不在乎这件事，只管自己滔滔不绝地讲，至于学生能不能接受得了，不是他们要考虑的事。我觉得这样做，只能说明老师对学生不尊重。老师不尊重学生，其实也是不尊重自己。

我刚工作不久，就调到了沂水一中。当时，学校的唐校长就对全校所有老师提出了一个要求：一节课45分钟，老师单纯讲课的时间绝对不能超过20分钟。开始,大家以为,校长是在吓唬人。没想到他不是只喊口号,而是亲自去检查。

唐校长大部分时间奔波于各个教室里,而且事先也不跟老师打招呼,悄悄地就进去了。他听课,除了看老师的表现外,主要是检查老师的讲课时间。只要这节课,老师的讲解超过了20分钟,就算讲得天花乱坠,老师也会被一票否决。

大家对沂水一中都是非常看好的。由于唐校长有这样的规定,我们都感到非常有压力。为了达标,我要求自己必须提前进行大量的备课,保证对自己说的每句话、布置的每道题都烂熟于心,可以达到上课不带课本、不带教案的程度。

如果说我现在的语言表达能力还算有点儿水平的话,那完全得益于唐校长的严格要求。我到现在还非常感谢他,我认为他的做法确实非常符合科学规律和教育实际。

别让记笔记影响听课的效果

我在人大附中教书时,基本上是教两个班,一个实验班,一个普通班。我发现,这两个班有个非常明显的差别:

实验班的学生没有几个做笔记的,上课瞪着眼,手里拿着笔。我讲到某个地方,学生的手就开始动,甚至有时候眼睛看着黑板,手在下边演算。往往我一道题讲完,学生的答案也算出来了。举个例子,我在黑板上列出一道题目,我一边列一边讲思路,这个班的学生思路基本能跑到我的前边,我这道题列完了,他们的答案也就出来了。

普通班是什么情况呢?我讲题,在黑板上写,学生在下边抄。我写完就开始讲了,学生还没抄完,他们就先顾着抄完。他们的笔记做得都很认真。但是,这样记笔记的目的只是把老师讲的话基本上原封不动地照搬到笔记里。

光顾着抄笔记了,老师讲的内容他们都顾不上听,或者听得似是而非。这样完全是本末倒置的。记笔记的目的本来是对听课的一种补充,结果这些学生上课的主要任务是记笔记,听课倒成了次要的,最后导致课堂上听不明白,笔记倒是记了一大堆。再加上他们课后又没有时间去看笔记,所以一个学期下来,笔记记了好几大摞,最后被束之高阁,没有多大意义。

我觉得,学生要学会听课,学会记笔记是很重要的。我给学生的建议是,把笔记记在教材上。现在中学生的教材尺寸都比较大,16开,文字旁边都留下了一片空白。这个空白的部分其实就是让学生上课做笔记的。

学生上课应该集中精力,以听讲为主,记笔记为辅。那么,笔记应该重点记什么呢?第一,老师对教材补充的内容;第二,自己在上课时特别感兴趣的地方;第三,由于老师讲得比较快,或者学生当时偶尔走了神,没听懂的某个问题(需要抓紧时间,一定要在课后补上)。这样一来,学生的负担不会太重。而且,把这些知识记在教材的旁边,到复习的时候,记录清清楚楚地融入教材中,复习效果会非常好。

一个学生要协调好记笔记与听课的关系,这是提升课堂质量的重要环节。

调整好自己的作息时间

只有调整好自己的作息时间,才能保证上课的时候有精神。有些学生在课间一味地疯玩,一上课就开始犯迷糊。有些学生正相反,十分珍惜时间,午休时也在拼命地做作业。不过,无论是前者,还是后者,都是很不好的习惯。

就拿后者来说,一个人吃了饭以后,为了消化食物,身体会分泌出大量胰岛素。而胰岛素的大量分泌会催生大量褪黑素,并让人处于缺钾的状态。这都会让人出现昏昏欲睡的状况。如果这个时候还要学习，学习效率自然是很低的。而拼命地学习、做作业，会让本来就需要休息的学生更加疲惫，到了下午上课，他们就开始睡觉了。有些班级下午第一节课，会出现班里学生睡倒一片的现象……

利用课堂时间睡觉，利用课间学习，这是典型的"捡了芝麻，丢了西瓜"。学生一定要调整好自己的生物钟，让自己上课兴奋，下课可以适当地打个盹儿，这样才能实现课堂的高效率。

听课要紧跟老师的思路

一个学生上课，跟着老师积极思考，而且是进行批判性的思考，这是难能可贵的，但是过犹不及。如果老师讲到一个问题，他觉得挺好的，就不跟着老师听了，而是顺着这个问题，无限制地往下想，结果老师已经讲到别的地方去了，他还在那个地方出不来，最后那个问题也没想出来，老师这一节课讲的内容也没有听进去，损失很大。

所以，课堂上，听到自己感兴趣的东西，一定要抓紧时间先把它记下来，之后还是要跟着老师的思路走，而不是说按照自己的思路，不想明白绝不罢休。

有些学生在课堂上只要有了跟老师不同的思路，就不让老师继续讲下去："老师您得停下来，您得跟我讨论，这个问题我们必须辩论个水落石出。"结果全班同学都在那儿等着，这样对其他同学是不公平的。

积极思考，大胆发言

学生如果积极举手，积极回答问题，手脑并用，听课效率必然很高。这样学生就不容易走神，他的听课效率就得到保证了。我觉得，一个学生能够做到眼到、耳到、笔到、神到，这才叫听课。进入这种境界的学生，他的听课效率才是最高的，必然会达到事半功倍的效果。

06 / 数学其实很好学

数学之美,美在它的对称和谐,美在它的跌宕起伏,美在它的波澜壮阔,美在它的让人茅塞顿开,美在它的一题多解,美在它的多题一解,甚至美在它的"小题大做"。

现在很多学生害怕数学,但是你看,我们从幼儿园期间就开始学数学,一直学到高中,甚至到大学和研究生阶段。数学这么一个看似很难的东西,为什么从幼儿园起就一直要学呢?这是数学本身的特点决定的。不光中国,别的国家也是如此。

著名数学家菲利克斯·克莱因说:"唱歌能让你焕发激情,美术能让你赏心悦目,诗歌能使你拨动心弦,哲学能让你增长智慧,科学能改变你的物质生活,但数学能给你以上的这一切。"我觉得,这段对数学的描述是非常准确的。

数学是一个换脑子的学科

我们现在就来一起认识一下数学吧。数学是一个换脑子的学科。当你的思维比较迟钝的时候，通过数学的刺激能够变得灵敏；当你的思维不严谨的时候，通过数学的刺激能够变得严谨；当你的思维不敏锐的时候，通过数学的刺激能够变得敏锐。

我举一个例子。甲乙两个人爬楼梯，甲到了 4 层，乙到了 3 层，那么甲到了第 16 层，乙到了哪一层呢？这道题的背景很简单，就是两个人爬楼梯，但第一步，就把很多学生绕进去了。

请大家注意，甲到了第 4 层，其实就是甲上了 3 个楼层的台阶，但很多人在这儿就栽进去了，光去想"4"了。甲到了第 16 层，就等于上了 15 个楼层的台阶。你看，这个推理过程多严谨，这个问题要是想不到，就栽进去了。当这种险象环生的场面经常出现的时候，你就会变得严谨，进而避免犯错了。咱们闯过这一关，接下来怎么做呢？

15÷3=5，甲用了 5 倍于上到第 4 层的时间。同理，乙到了第 3 层，就等于乙上了 2 个楼层的台阶，于是 2×5=10，就等于乙上了 10 个楼层的台阶。这时，第二个挑战又出来了。很多学生就回答乙到了第 10 层，结果又栽进去了。

为什么还不对呢？人家问的是乙到哪一层，乙上了 10 个楼层的台阶，其实是到了第 11 层，所以最后的答案就是，乙到了第 11 层。学生从这个过程中会受到启发，今后思维就会越来越严谨。

数学是一个挑战智慧的学科

数学是一个挑战智慧的学科，具体来说，就是你干什么事情，都得用心去想。

比如，有这么一道数学题：有 81 个球，其中 1 个球比较轻，其余 80 个球重量相同，所有的球大小都是一样的。有一个没有刻度、没有砝码的天平，至少用多少次，能把这个比较轻的小球找出来？

最多用多少次，很好办，一个一个地称就行了。至多称多少次，还是没有刻度、没有砝码的天平，该怎么办呢？

可以这么做：把81个小球平均分成3堆，一堆27个，然后这堆放在这一侧的托盘上，那堆放在那一侧的托盘上，一称，这两堆只要是重量相同，好了，小球就藏在没称的那一堆里；如果这两堆重量不一样，好了，哪一堆轻，小球就藏在哪一堆，这就把藏着较轻的小球的那27个球找出来了。然后再把27个球平均分成3份，一堆9个，再称一次，又找出了藏着较轻的小球的那一堆。照此办理，至少用4次，就能把这个较轻的小球找出来。这就是数学培养出来的智慧。

再看一道题：甲、乙两个人往一个圆盘上摆硬币，硬币的面积是一样的，甲放1枚，乙再放1枚，以此类推。那么，硬币放得越多，圆盘的面积就越少，总有那么一个时刻，其中一个人拿着硬币往上放的时候，就没地方放了。问题是甲、乙两个人就这样放，轮到谁的时候放不下了？乱放肯定不行，最后的答案是什么呢？

乙最先没法放。怎么放呢？甲拿着1枚硬币，放在圆盘圆心的位置上，然后乙随便放，乙放1枚硬币，相对于圆心总能找到1个对称点，甲就总放在对称的那个地方。那么，无论乙怎么放，只要乙能够放得下，甲肯定能找到那个对称点，一定能放上。最终，肯定是乙没地方放了。这就是数学智慧的体现。

现在再看一道题：这是一张正方形的纸（如图一所示），先把它沿水平方向对折一次，然后沿着中轴线再对折一次，经过两次对折，得到了一个折好的正方形。然后，用剪刀沿这个折好的正方形的中线横、竖各剪一次，问剪成了几块？

这是一道多么好的数学题，根本不需要什么数学背景，只需要锻炼一下你的思维。一块一块地数当然可以，但我们还可以找到规律和方法。

这个规律和方法是什么呢？大家看图一，剪刀的剪痕就相当于图二中的粗线，你把纸重新摊开的时候，线条就清清楚楚地画在原来的那张

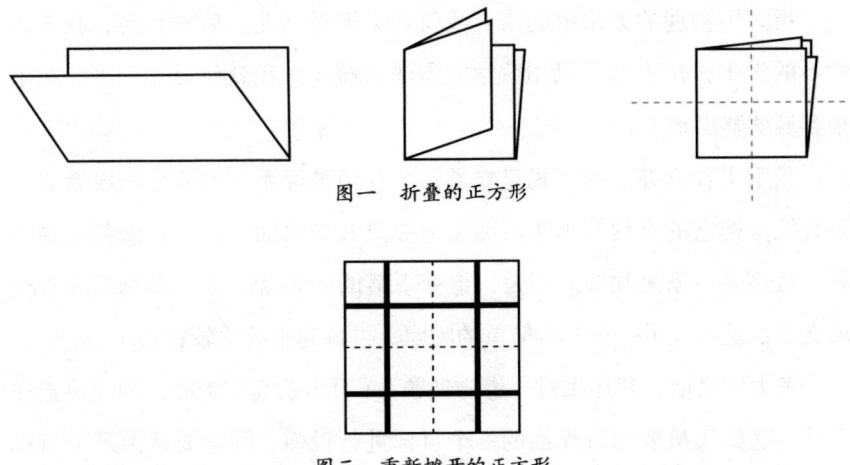

图一　折叠的正方形

图二　重新摊开的正方形

纸上，原来的那张纸被这些粗线分成 9 块了。所以，答案应该是 9 块。它就有这样一种联想，你得从折叠后的状态，联想到剪刀进去之后，在原来那张纸上留下一种什么样的痕迹。一观察，答案一目了然，这是数学的智慧。

数学语言最准确

　　数学还有一个重要的特点，就是准确。人世间最准确的语言其实就是数学语言。比如，我今年的收入是 5 万元，明年的收入要增长到今年的 2 倍，就相当于明年的收入是 10 万元；如果明年的收入要增长 2 倍，就相当于明年的收入是 5 万元加上增长到今年的 2 倍，是 15 万元。增长 2 倍和增长到原来的 2 倍，这是两个概念，必须表达非常准确才行。

　　数学的准确不仅表现在语言的准确上，还表现在具体问题上的准确上。我上大学的时候，物理教材上有这样一道题目，当时把我"折磨"坏了。题目是这样的：一个山坡的倾斜度是 15°，山坡下面有一门大炮，炮的仰角是 30°。这门炮以一个初速度发射了一发炮弹，问炮弹能落在斜坡的什么地方？

当时用物理的方法解起来，我就感觉挺费劲儿。后来我想，我是数学系的学生，是不是可以用数学的方法来解呢？我就研究了一下，结果很容易就解出来了。

我用了什么办法呢？我建立了一个直角坐标系，把那个斜坡看成一条直线，把它的方程写出来；那发炮弹离开炮筒的一刻，它做斜上抛运动，轨迹是一条抛物线。于是，炮弹下落的问题就变成了抛物线和直线求交点，就变成了一个非常简单的问题，再解起来就比较轻松了。

考大学之前，我还做过一道物理题：1万米的高空上有一架飞机正在飞行，这架飞机要对着地面的一个目标进行投弹，问它要从离那个目标多远的地方开始投弹？

这个问题要用物理的方法来研究，还真的有点难，最好的解法是什么？炮弹离开飞机的那一刻，它的初速度和飞机的速度一样，所以这是一个斜下抛运动，斜下抛运动的轨迹是一条抛物线，那么问题就变成了，求那个目标正好在抛物线上的坐标。看，用数学的方法来解决现实问题，又简单又准确。

数学有一种惊人之美

数学的美可不得了，那么它美在什么地方呢？美在它的对称和谐，美在它的跌宕起伏，美在它的波澜壮阔，美在它的让人茅塞顿开，美在它的一题多解，美在它的多题一解，甚至美在它的"小题大做"。

其实，数学给人带来的远不止这些，它与现实生活也是密切相关的，它的应用非常广泛。不说具体的现实生活，先来看看数学与美术的关系。

达·芬奇有一幅著名的画《最后的晚餐》，我通过研究发现，这幅画竟然是用数学的远近法原理来画的。远近法原理是要有基点的，那基点恰好就在耶稣的两只眼睛上，所以达·芬奇并不单纯是一位画家，还是一位很注重实用的数学家。

北宋画家张择端创作了一幅风俗画,就是大名鼎鼎的《清明上河图》。这幅画给人的感觉是,看见树木便现森林,看见河流便现大海。它也是用数学的远近法原理来画的。

现实生活中,有一个词经常被大家提到,它就是"黄金分割"。那么,什么叫黄金分割呢?它是数学上一个非常独特的数据,大家可以这样理解:一个矩形,如果它的宽和长相比,得出的数据是0.618,这个矩形看上去就最好看,而且这个矩形的结构最合理。0.618就被叫作黄金分割数。

0.618这个黄金分割数挺好玩的,把它放到分母上,分子是1,结果恰好是1.618。黄金分割在现实生活中有广泛的应用,包括在一些优选法中,0.618这个数字太活跃了。

大家知道为什么女孩愿意穿高跟鞋吗?答案好像也不难,可能感觉穿上高跟鞋漂亮,但漂亮的原因是什么呢?有人认为,女孩穿上高跟鞋,走起路来那种风姿绰约的感觉挺动人。从表面上看,也没什么错,其实不是这样的。女孩穿高跟鞋好看的原因只有一个——实现了黄金分割。

一个女孩如果下半身和身高之比能够达到0.618的话,整个人看起来是最好看的。但是,她的下半身和身高之比往往达不到0.618,如果穿上高跟鞋,高度一增加,下半身和身高之比恰好能达到,她的体形看上去就特别和谐,给人带来的视觉冲击就特别大。

有这样一道题:一张纸,对折一次,纸就变厚了,厚度增加了1倍;对折两次,它的厚度是原来的4倍……要是把这张纸对折64次的话,这张纸的厚度有多高呢?大家可以发挥自己的想象力,尽情去猜。

猜不到?没关系,我可以告诉大家答案:这个高度恰好是地球到月亮的高度,就这么厉害。我国近年来发射了"嫦娥"系列探测器到太空去探月。其实我登月根本不用这么复杂,拿上一张纸,折叠64次求厚度，就上去了。这看起来是个让人感觉不太可能的数据，实际上把一张纸对折64次，是个数学问题，你可以用等比数列算出来。

数学这种超凡脱俗的美确实令人震撼，我相信每个喜欢数学的人都能够体会到。对称就是体现数学的和谐之美的一个非常重要的方面。拿北京来说，它有一条中轴线，整个城市的布局就是沿着这条中轴线东西依次展开的，形成了非常和谐的城市风格。2008年奥运会开幕式上燃放的焰火，从永定门经过天安门，一步一步到鸟巢，也是选择了中轴线这条线路。

数学的跌宕起伏之美，体现在它对一个人思维跨度的要求。特别是当你在苦苦思索时，突然眼前一亮，找到了解题的思路，那种对灵魂的巨大冲击，可以让你的心久久难以平静。

数学的让人茅塞顿开之美在于，凡是一些高质量的数学题目，往往都稍有些难度，当你通过认真思考，突然找到它的答案时，整个人就会感受到一种豁然开朗的美。

数学的一题多解之美在于，有时候一道看似很平常的题目，但是可以找出七八种解法，而且每种解法都隐含着一个非常美妙的技巧。

数学的多题一解之美在于，数学可谓题海无边，但是只要注意归纳，你就会发现，数学中的许多题目都是可以归类的，万变不离其宗。

还有"小题大做"之美。比如，本来这道题目看似很小，但是就像金矿的入口一样，背后潜藏着一个巨大的金矿。一旦把窗和门打开，出现在你面前的就是一座宝藏。在教学中，按照教学大纲的要求，有些内容可能只讲一个课时，但我可以就这个问题展开讲一周，甚至讲好几周。因为这道题竟然能够把很多数学思想都覆盖了，这让我欲罢不能。

这是之前数学教材上的一道题，大家都觉得这种题难度不大，属于基础题。但就是这样一道题，潜藏着非常丰富的数学思想和数学方法，以至于让我讲了整整两周。

已知 $\sqrt{8-2x^2} - x > -1$，求 x 的取值范围。

该题一般的做法就是，把 x 移到右边。因为这个不等式里边，最讨厌的就是那个根号，它是一个无理的东西，所以我为了处理这个根号，就把相关的"闲杂人员"全处理到不等式的右边去，把这个比较难对付的根号孤立起来。

下面要采取的方法是去掉根号，但是如何去掉根号呢？得考虑不等式两边的非负性。于是就出现了这样的局面：一方面要使 $8-2x^2 \geq 0$，这样可以保证根号下不是负数；另一方面要使 $x-1 \geq 0$，保证大于号两边都是非负数。在这个情况下，两边平方得到 $8-2x^2 \geq (x-1)^2$，这样就得到了第一个不等式组。

第二个不等式组，还是 $8-2x^2 \geq 0$，因为根号下不能是负值。但是，这个 $x-1$，它当然可以是负的，所以大于号右边还存在第二种情况，即 $x-1 < 0$。这时，我们看到，只要这两个不等式同时成立，原不等式肯定是成立的。

于是，原来不等式的解，就是上述两个不等式组解集的并集。我们需要分别把这两个不等式组解出来，然后一求并集，答案就出来了，这就是这道题的常规解法。

几乎所有的学生都会采用这种解法。其实，这道题中间潜藏着一些伟大的数学思想和数学方法，可是用上面这种解法就无法发现。如果学数学仅满足于这种解法，就会陷入一种套路、一种教条，我们也很难了解数学的波澜壮阔。

下面我换一种解题思路。我现在构造两个函数，一个是 $y = \sqrt{8-2x^2}$，再一个是 $y = x-1$，刚才这个问题就变了，变成了两个函数谁比谁大的问题。

大家注意，第一个函数，它是椭圆的上半部分，第二个函数，它是一条直线，那么这个问题就变成了这条直线和椭圆相交，然后只要看看那两个图像的交点，这道题就变得很简单了。

本来是一个解不等式的问题，但是构造两个函数之后，通过求解交点，就转化成一个等式的解法，这是数学中一个巨大的变化。**大千世界，相等是短暂的，不等是永恒的，利用了这种函数思想，就能够抓住相等的那一刹那，解决永恒的不等问题，它的智慧就在这儿。**第二种解法简洁，正确率高。更重要的是，第二种解法体现出数学的一个非常重要的思想，就是数形结合。

如果这道题再做变化，比如要是把 -1 换成 a，你就会发现，刚才提供的第一种解法，就无能为力了。为什么呢？因为这个讨厌的 a，它变化多端，每一次变化都给这个不等式的解法带来"灭顶之灾"，但是你要利用第二种解法，这个问题就好解决了。构造两个函数，一个是 $y=\sqrt{8-2x^2}$，再一个是 $y=x+a$，刚才讲过 $y=\sqrt{8-2x^2}$，它其实就是椭圆的上半部分，$y=x+a$ 是一组平行直线，它的斜率是1，随着 a 的变化，那条直线在不断变化（见图三）。

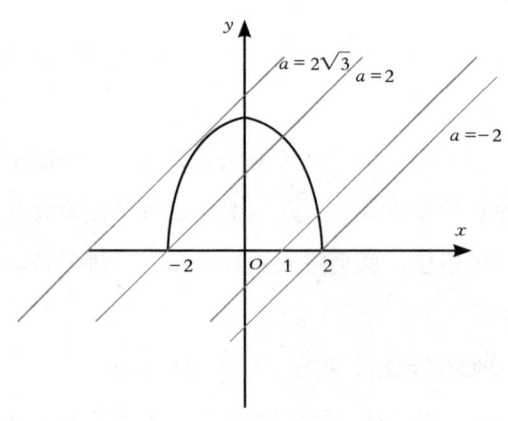

图三　两个函数相交的图像变化

这道题是高考中一种比较有难度又非常常见的题目——分类讨论。

我们通过图三一看，就知道可以分成四段来讨论，一目了然。通过这道题，我们可以看到，方程是数学上一个非常核心的概念，可以在函数的观点下，和不等式统一起来，这就是函数在数学中的重要性。

一方面，要解决的具体问题一旦归结为函数，就可以把一些局部的问题拿到高瞻远瞩的全局上去解决，这样局部的问题就变得很简单；另一方面，能够把静态的问题放到波澜壮阔的动态的过程中去研究，使问题变得简单，比如那个解不等式的问题。

有了这样的一个背景，这道题可以随意变。通过观察图像，得出了$a<-2$时，它的解集是什么；$-2\leqslant a<2$时，它的解集是什么；$2\leqslant a<2\sqrt{3}$时，它的解集是什么；最后$a\geqslant 2\sqrt{3}$时，它的解集是空集。

顺着这道题，我现在逆向思维，不让大家解这个不等式，而是已知这个不等式的解集为$[-2,2]$，求a的范围。那么，大家再看图三，这个不等式的解集是$[-2,2]$，就是说在$[-2,2]$这个区间，这条抛物线始终应该在这条直线的上方。从图上一看，答案不用动手就出来了，是$a<-2$。如果这道题不是通过这样的一种方法来做的话，那就难上加难了。

我再进行第二变，刚才不是解这个不等式吗，现在不解不等式了，换一个什么呢？已知方程$\sqrt{8-2x^2}-x=a$，如果这个方程恒有解，求a的范围。

这道题目和原来那道题目相比，其实就是一个符号之差，原先是大于号，现在变成等号，这两道题目的背景和解题的氛围，就发生了很大的变化。但当你考虑函数的背景时就会发现，这两道题目完全是同一种题目。还是看图三，这个方程恒有解，不就意味着那条直线和那个椭圆恒有交点吗？

我们观察图像可知，当$-2\leqslant a<2\sqrt{3}$这个范围内时，直线和椭圆恒有交点，根本不用计算。但我可以告诉你，这道题是某年高考数学试卷

中一道很难的题目。还有更精彩的，现在我不是说这个方程有解了，而是说这个方程有两个不同的解，求 a 的范围。

这不同的解就意味着这条直线和这上半个椭圆，得有两个不同的交点，看看图就一目了然了。于是，这个题目的答案又得到解决。我们还可以继续变，若是在 $[-1, 1]$ 内有解呢，求 a 的范围，这个答案也很好找出来。

再看一道题，还是各种复习材料上都会有的一道题目：

$$y = \frac{mx^2 + 4\sqrt{3}x + n}{x^2 + 1}$$

这个函数的最大值是7，最小值是 -1，求 m、n。

大家看这道题，这个函数中有四个字母，一个 x，一个 y，一个 m，一个 n，那么现在要求 m、n，我要做的就是怎么能把 x 和 y 消掉。

下面我先把 x^2 消掉，怎么消掉呢？把分母乘过来。乘过来以后，x 唱主角了，把这个函数整理成一个关于 x 的二次方程，即 $(y-m)x^2 - 4\sqrt{3}x + (y-n) = 0$。$x$ 高兴了，你看我多厉害，这个方程竟然是我的一个二次方程，却不知自己"大难临头"了，然后怎么解？因为这个二次方程有解，所以判别式大于等于零，得出不等式 $(-4\sqrt{3})^2 - 4(y-m)(y-n) \geq 0$。

你看 x 没了，这个不等式现在就剩下 m、n 还有 y，我们要求 m、n，就得把 y 消掉，怎么消呢？上帝让 y 死亡，必先让 y 疯狂，将上面的不等式整理一下，这道题变成了关于 y 的一个二次不等式：$y^2 - (m+n)y + mn - 12 \leq 0$。

注意题目，这个函数的最大值是7，最小值是 -1，这说明 y 的最小值是 -1，最大值是7，也就是说，这个不等式的解是 $[-1, 7]$。这就意味着，当 $y^2-(m+n)y+mn-12=0$ 时，该一元二次方程的解，一个是 -1，一个是 7。把 -1 代入得到 m 和 n 的一个方程，把 7 代入又得到 m 和 n 的一个方程，这两个方程一联立，m、n 搞定了，这是一种做法；或者根据韦达定理，在关于 y 的一元二次方程 $y^2-(m+n)y+mn-12=0$ 中，两根之和等于 -1，两根之积等于 7，我们可以得出关于 m 和 n 的两个方程。两个方程一联立，我们解了这个方程组之后，便可以把 m、n 求出来了。

这一个小小的片段，就体现了函数这种工具在数学中的重要性。函数是数学上一个永恒的话题，所以对函数这个内容，高考命题组专家是"情有独钟"，几乎每年必考，而且考的分量也很重，因此在学习的过程中，我们一定要高度重视函数的问题。

我们研究的问题，一旦转化为函数，那函数的重要性质，例如它的单调性、奇偶性、周期性、凹凸性，便有了用武之地；在数学上占有比较重的分量的数列，又是一类特殊的函数。我通过刚才这个例子想表达的是，**在高中阶段，只要能学好函数，便把握住了数学里一个非常灵魂的东西**。

07 / 高考考什么

> 高考其实是有一定周期的选拔性考试,出题内容有规律可循。

在高考命题组专家的眼里,高考是有一定周期性的,其变化又与高等院校专业课程的设置有关,所以高考不仅要选拔进入高等院校学习的学生,还得有利于学生进入高等院校以后的学习。

从表面上看,高考命题有很大的随意性,实际上,看似扑朔迷离的高考命题有相当的确定性,有规律蕴含其中。认真研究考试说明,认真研究近几年的高考题,就可以发现那种看似无形却有形,犹抱琵琶半遮面的高考命题规律,从而引领学生脱离题海,走上高效的高考复习之路。

如果不去分析高考题的特点,不去琢磨高考题的规律,一味地在题海战术里打拼,不仅学生累得头脑昏昏,老师也累得叫苦连天,最后的结果还往往是,一拿到高考卷子,老师感叹这一年的力白出了,学生感觉高三这一年似乎就是不做那么多题目,也能得这么些分。这些都说明,由于一味地搞题海战术,大家竟然把研究高考动向、高考规律这件最重要的事耽误了。

利用考试说明摸清高考内容

怎样提高高考的复习效率呢？我觉得，第一件应该做的事，就是认真研读考试说明。考试说明是高考命题的主要依据，高考的题型分布、难度分布、考试重点、考试难点，都明明白白地写在考试说明中。

高考被定义为选拔性的考试，它的特点就是要让前 20% 的人拉开差距，所以高考题肯定是有相当难度的，对此还请大家不要抱有任何侥幸心理，不要幻想高考题要是简单了怎么办。另外，国家规定高考题的难度系数应该维持在 0.6 左右。如果某一年由于把握不准，题目出得简单了，第二年肯定要调整一下，这个调整是围绕着高考的难度系数 0.6 进行调控的，这些信息都写在了考试说明中。进入 3 月，各个省市的考试说明基本上都已经颁布了，我们应该抓住考试说明，认真落实到高考前的复习中去。

具体来说，我们应该做好三项工作。

第一，认真学习考试说明。

不光是老师，学生更应该掌握考试说明。如果让学生知道该怎么考，他就可以根据自己的情况在复习的过程中审慎地加以取舍，根据自己知识点的掌握情况搞清楚侧重点，并进行定点突破。

比如说，有些题目，一定要考，就得重视；有些题目，虽然在高考范围内，但是已经超出了他力所能及的范围，他就可以暂时放弃。遗憾的是，考试说明颁布以后，有些老师自己都不看，所以学生就更不知道了。于是，这些老师就顺着自己固有的、教条的，甚至是落伍的那一套思路，领着全体学生走了一条盲目复习的路，这种损失是非常大的。

在人大附中，一旦高考考试说明颁布，我们教研组的老师就坐到一起，集体研究，集体学习，然后根据大家共同的学习心得集体备课，再找一位专家，把全体学生召集在一起，领着学生一字一句地去学习、分析、解读。经过多年实践，我们感觉到学生参加这样的活动是非常有收获的。

如果没有这个条件，作为老师，你完全可以利用你的课堂，领着学生逐字逐句地去分析考试说明。这对学生的后续复习行为也是具有非常实用的指导意义的。

在学习考试说明的过程中，我们会发现，考试说明对很多问题都做了明确的规范。比如，考试说明中明确强调，高考要"注重通性通法，淡化特殊技巧"。有时候听一些老师讲课，他们为了追求一题多解，给学生总结了很多方法，甚至为了方法去设计题目，但是这种方法本身不是"通性通法"，不在高考要求之列。我们不能为了方法、为了技巧去探讨这些东西，而应该围绕着高考的要求来展开复习。

第二，要看今年的考试说明和去年的相比，它的变化在哪儿。

每年的考试说明，和上一年相比，都会有一些新的变化，**调整的地方，往往就是高考命题组专家认真考虑要出题的地方**。人大附中的做法就是，新的考试说明出来了，一位老师读今年的，一位老师拿着去年的，把那些有所变化的地方，哪怕是一字一句，都找出来，因为其中潜藏着高考命题组专家的一些动意，应该认真分析。

第三，读完考试说明之后，还得看看它和近几年高考题的吻合程度。

因为高考题是围绕着考试说明来落实的，所以我们应该分析近5年的高考题对考试说明的落实情况。这样一分析，你就会发现，高考题真的是严格按照考试说明来出的，这是第一个问题。第二个问题是，要分清重点，因为考试说明的颁布一般都到3月了，高考已经迫在眉睫，我们不可能全面展开，也不可能面面俱到，这就要求我们得把一些核心的东西挖掘出来。

高考数学对每个知识点有三个层面的要求，第一个层面是了解，第二个层面是理解，第三个层面是掌握，不同层次有不同的考查难度。我曾经召集宽高教育集团的一些专家级教师和人大附中的一些骨干教师，想跟教育部考试中心联合搞一个课题,为当年高考的学生提供一套高效的、有针对性的、有创新意识的复习资料,这个科研课题的名字叫"高能高分",单独面向山东的就叫"直击考点"。

为了做好这个课题,我们先把各个省市近 5 年的高考题收集在一起,然后根据每个知识点,进行认真的排查、梳理。通过分析,我们发现,数学有 130 个左右的知识点,但是它们在高考中出现的频率是不一样的,主要可以分为三类。

第一类是每年高考都考的,它们应该是高考的重中之重。

我们分析了一下,近 5 年高考必考的内容主要包括:集合的运算,函数的单调性与导数,函数的最值,函数的极值与导数,三角函数的图像与性质,等差数列的前 n 项和的公式,一元二次不等式的解法,椭圆的方程,直线和圆锥曲线的位置关系,圆锥曲线的应用,线面垂直,二面角,还有古典概型等。

不分析不知道,一分析吓一跳。高考不刻意追求知识的覆盖面,会对一些支撑数学体系的骨干内容进行重点考查,要增大它们的考查比重,所以我们在复习的时候,特别到了第二轮以后,就不能刻意地去追求"撒密网,抓小鱼"了,而是应该对这些非常核心的地方,进行重点把关。

第二类是有些年考、有些年不考的,这些内容也不能放弃。

我们必须做好充分的准备。比如说高考的应用题,有时候考函数的应用题,有时候考数列的应用题,有时候考概率的应用题,有时候考不等式的应用题,考查的内容不一样,我们对这些内容是不能放松的。

第三类是每年都不考或者很少考到的题目。

这种知识点大多就是在考试说明中要求了解的,对这些知识点可以有选择地放弃。但是,对个别的地方还不能完全放弃,因为虽然这个知识点不考,但它是别的知识点的铺垫和基础。比如,三角函数符号的判断,这个知识点几乎每年都不考,但是整个三角函数学习的基础,放弃了它，三角函数就会成为拦路虎，所以不能放弃。

"三基五能一应用一创新"和难度分布

高考前光了解考试说明还不够，我们还需要根据高考命题的特点进行科学的复习。到底应该怎样做才是科学的复习呢？具体来说，要从高考的考试内容和难度分布入手。

先来看高考的考试内容。根据考试说明，我们可以把其概括为"三基五能一应用一创新"。"三基"就是基础知识，基本技能，基本方法；"五能"就是空间想象能力，抽象概括能力，推理论证能力，运算求解能力，数据处理能力；"一应用一创新"，即应用意识和创新意识。现在中学培养应用意识和创新意识，大学培养应用能力和创新能力。

按照高考的要求来看，我们平常应该怎么学呢？以数学为例，现在学数学，其实有四个层次，第一个层次是能听懂，第二个层次是会做题，第三个层次是能做对，第四个层次是能做好。

常听家长抱怨，说自己的孩子上课能听懂，但就是不会做题。我觉得这很正常，数学既然有四个层次，听懂只是初级阶段，当然不会做了。**从听懂到会做，需要迈过一个台阶，这个台阶便是基础知识。基础知识不过关，光能听懂，做题就不会了。**

有些家长说，他的孩子会做题，但是下笔就错，特别马虎。我觉得这是错判。据我观察，把会做的题目做错，这不叫马虎，而叫基本技能不过关。基本技能是需要训练的，光看书能看出来，光想能想出来吗？肯定不能。就像游泳教练教学生游泳，先在陆地上教给他一些动作，从理论上加以支持，但学生必须要有一个实践的过程，才能学会。**从会做到做对，要求的就是基本技能要过关。**

此外，从做对到做好，还有一个基本方法的问题。你说，这道题目我做对了，但你用了一个很麻烦的方法，把自己累得死去活来，头昏脑涨，花了 10 多分钟，甚至 20 多分钟，才把这道题做出来了，而如果方法对路，只需要两三分钟就可以得出结果。像你这样做题，是无法学好数学的。

同样是做对，我们能不能找一个既快又准的方法，让我们做完这道题以后，心中感到好像有一股清澈的泉水在流淌？那种爽快的感觉，和那种做完这道题就不想活了的感觉，当然是不一样的。

高考要考查学生的推理论证能力，肯定要考证明题，而且这道题目肯定要有步骤。所以，如果学生平常练习，直接写出来一个结果，就像做了道填空题，高考的时候必然得后悔。为什么呢？

你的逻辑推理能力怎么体现，你丰富的思维过程怎么展现，不就是通过解题的步骤来实现吗？现在很多学生能把这类题做对，可是得不了满分，步骤不严谨、跳跃太大就是一个重要的原因。

我记得，我带的班上有一个学生特别聪明，但他经常出现一个问题，就是如果一道题有五步，他第一步做对了，中间三步都出错，但最后的结果竟然是对的。我了解这个学生，可是我们学校的那种大型考试，一般都是考完以后，密封试卷，然后流水作业批改，所以有些老师批到这个学生的卷子，就说中间过程都错了，他怎么能得出一个正确结论来呢？肯定是抄别人的，一下子就给他判了个零分。

有一次，这个学生拿着卷子来找我："王老师，这道题我最后答案对了，为什么阅卷老师给我判零分呢？"我就去问当时的阅卷老师。阅卷老师说："你有没有发现，他这道题中间三步都是错的。在一个错误的基础上，他怎么能得出一个正确的结论来呢？肯定是抄的。"

我就回去问他是不是抄的。他说："冤枉，我不是抄的。"我说："那你说说，你前边三步是错的，怎么还能推出一个正确的结论呢？你是神仙吗？"他说："老师，这道题比较简单，我一看就会。我知道解题得有步骤，可是我已经想出答案来了，所以我在写第二步的时候，老是想着答案，稀里糊涂的，也不知道怎么写的。但是，我知道最后答案是对的。"

我一看这情况，就对他说："你在中国参加高考，得适应中国高考的考情。在中国的考情下，这类题目是按步骤给分的。你这么不讲究步骤的训练，是要吃大亏的。能不能这样：你把考试得高分当成一个科研课题。怎么得高分呢？你得考虑解题步骤要严谨，不一定多么麻烦，但是主干步骤一定要有。这就要求你在解题的时候，不仅考虑这道题怎么能得出结果，还得考虑得到这个结果的必然过程。把它当成一个科研课题来训练吧。"

这个学生在我的劝导下有意识地去训练，以后他就做得越来越好，后来他被保送到北京大学，就读于数学科学学院。

既然高考一定要考推理论证能力，我们就奉劝那些平常根本不讲究过程、根本不考虑步骤的学生，绝对不能忽略这个关键问题。当然，这个问题也对其他年级的学生提出了一个警示：只有平常规范化的训练，到了高考才能够应对自如。

说到运算求解能力，如果平常会做的题目老是做错，或者稍微有点儿计算量，心里就打怵，那你就无法应对高考对运算求解能力的要求。对大家特别有挑战的，就是解析几何。解析几何发展到最后，往往会成为一个庞然大物，简直就是运算求解能力不过关的同学的噩梦。但是，高考既然把运算求解能力作为要考查的"五能"之一，学生平常就应该好好练习。

说到空间想象能力，我举个例子。茶杯是三维的，画在一张纸上，它就是二维的。尽管纸上的茶杯是二维的，但我一看就能想到三维的立体图形，这就是空间想象能力。建筑工人要盖楼，有谁天天抱着一栋楼揣摩呢？还不都是拿着一卷图纸。通常情况下，师傅看着图纸，就知道哪儿有一面墙，哪儿有一扇窗，他完全能通过图纸，想象出这栋楼的整体架构。空间想象能力在高中数学中唯一的载体，那就是立体几何。所以，问立体几何今年考不考，是徒劳的。空间想象能力就是通过立体几何来考查的，是每年必考的。如果觉得立体几何还不过关，就需要抓紧突破。

……

高考还考查学生的创新意识，所以每年的高考必然有新题，也就是说，考生肯定会遇到一些从来没见过的、背景非常陌生的题目。学生应该有这样的思想准备，这是无法回避的问题。所以，我们应该在考前这一段时间，多找一些面孔比较陌生的题目，故意和"陌生人"打交道，这样时间长了，就不害怕了，高考时遇见之前没见过的题目，你也不会心里发慌了。

高考中对应用意识的考查，主要采用解决应用问题的形式，命题时要坚持"贴近生活，背景公平，控制难度"的原则。具体来说，就是利用数学方法，解决现实生活问题的能力。高考每年都要涉及一些应用题，大家都比较害怕，那么你尽量地多跟这些题目打打交道，熟了不就不害怕了吗？

除了从高考的考试内容出发，我们还可以从其难度分布来了解平时复习应该突破的重点。

高考的难度分布大体是 3∶5∶2，就是基础知识占 30%，中档题占 50%，难题占 20%。也有一些省份调整到 4∶4∶2。这就更好了，这个信息就说明，这些省份可能今年的高考题基础题占的比例大，可能前边的部分要降低难度，但这并不等于高考降低难度。

其实，无论是 3∶5∶2 也好，4∶4∶2 也好，前边的部分都是 80%，这 80% 就是基础题和中档题。按照目前高考数学分值的设定，满分是 150 分，80% 就是 120 分，这 120 分就叫"有章可循"。也就是说，这 120 分不回避成品题，有些直接出自教材，有些就是前几年高考题的简单变形，有些就是大家手头的复习资料上多次出现过的。高考的这个动向说明什么问题？任何一个智力水平正常的高中生高考数学都有能力得到120分。

那些得不了120分的，又是什么原因呢？

第一，放弃学习。这种情况对高中生来说为数不多，除非遇到不可抗力或者出现严重的心理问题。

第二，把会做的题目做错了。这种情况最为常见。属于这种情况的学生常常学习也很投入，也拼命，题目也会做很多，但还是得不了120分。

既然明白了得不了120分的原因，大家就可以明确一件事：只要科学复习，高考时数学得120分是一件很轻松的事，一定要有信心。

后边的30分，也有四个字，叫"防不胜防"。这30分经常出现在选择题的最后一题，填空题的最后一题，还有大题的最后一题。它们要么是创新题，要么是难题，是考查学生的数学品质、数学思维和数学能力的。这样的题目在短时间内想提升，恐怕是比较难的。

一般参加过数学竞赛的学生，后边的30分得起来就比较轻松，但是没有参加过竞赛这种挑战的学生，恐怕花费了相当大的力气，也不一定能得到。

如果前边的120分都还没有把握得到，可千万别去鼓捣后边的那30分，否则就在战略上出现严重的错误了。后边的这30分属于难题，但并不是说，难题不容易得分，我们平常的复习可以把难题放弃了。

到了高考的时候，你还要有一种信心——"不会也能得3分"。这是什么原因呢？一来，根据我国高考的考情，按步骤得分是一条非常重要的原则。二来，高考还有个规定：难度系数在0.4以下的，属于难题；难度系数在0.2以下，就会被判为废题了。要是该题让考生都得了零分，就说明它是"变态"的，根本区分不出学生的数学能力。这就使得，即便考生对难题的理解很含糊，也总能鼓捣出三四分来。

既然如此，到了高考的时候，遇到难题，我们就一定要想办法得上三四分，之后见势不好拔腿就跑就行了。

为自己设计得分点

面对高考，我们得找准定位，定点突破。怎么找准定位？比如，你今年想考 600 分，现在就得琢磨了，600 分分到要考查的 6 个学科中，每科要得多少分。① 再如，数学要得 120 分，你就得考虑，自己现在能得多少分。如果现在能得 110 分，就还有 10 分提升的空间。你要经过 20 天的努力，得到 120 分，怎么得？已经确认会做的题目就不管了，已经确认不会做的题目，特别是老师讲了，你听着就和听天书一样，或者看答案也看不懂，根本就一点儿感觉没有的题目，也放弃。就在看似会做，但是经常出错的地方，突破几个点，提升到 120 分，20 天绝对能搞定。

在高考冲刺期间，一套卷子接着一套卷子，这些卷子里有些题目对你可能是没用的了，你要把它们筛选一下，针对你最应该突破的地方进行定点突破。如果能把你的总分分配到每一个学科，然后找准每一个学科提升潜力的点，这 20 天绝对会有非常大的突破。

现在我好像被神秘化了，人家说那个王金战，只要高考之前给一个学生面对面地辅导两个小时，学生的高考成绩至少能提高 20 分。我确实经常做这样的事，而且基本都能达到这个目标。为什么呢？就是因为我在高考之前跟学生的一次谈话，更容易让学生找准定位，找准突破口，他按照我的这个方法去做，提高 20 分就是一件很容易的事。

用好复习资料

在高考之前，一定要用好复习资料。这个时候，我们需要把各个地

---

① 随着新高考改革的深入，全国大部分省市陆续取消文理分科，采用"3+3"或"3+1+2"的模式组织高考。

方的高考模拟试卷找来，我们做的题目应该以高考模拟试卷为核心。为什么呢？各个地方的高考模拟试卷，是该地专家聚集在一起，根据考试说明，进行认真研究，最后按高考可能的动向、题型分布、难度来出的。学生做这套题目的时候，就跟当年的高考对接了，这样的题目质量高，针对性强，而且难度分布合理，学生做这样的题目，能够得到很好的锻炼。

值得注意的是，这个时候，要谨防打着某个名人的旗号，或是比较泛滥、不加以检验的资料乱入。这样的资料不仅针对性不强，更重要的是，如果其中再有些错题，会严重影响学生的自信心。

高考之前，我怎么辅导我的学生呢？如果学生在立体几何这道题上还不能确保得满分，我就从这些高考模拟试卷中，挑出立体几何的题目，让学生横向来做，集中一个时间来做。做的时候需要注意，别追求速度，一定要让每道题目得满分。错了不要紧，错了看答案，看明白了，从头再来一遍。就这样定向突破10道题目，你顿时就会感到再做立体几何的题目时底气大增，大有"身高殊不觉，四顾乃无峰"之感。我再次重申，高考之前用的资料，应该是那些各地质量非常高的高考模拟试卷，而且应该横向做，集中时间做。

注意知识点交汇处

一定要注意创新题。考试说明中有一个明确的要求，既要考查学生对基础知识的掌握情况，又要考查学生个体理性思维的广度和深度，以及进一步学习的潜能。再加上高考命题组专家大部分是大学教授，所以创新题经常出现在中学和大学知识交界的地方。这一点也在我分析近些年高考题时得到了验证。

此外，高考说明的考查要求中还有这样的规定：从学科的整体高度和思维价值的高度考虑问题，在知识网络的交汇点处设计试题。这个信息告诉我们，高考肯定会有综合题。所以，第一轮复习往往是一章一章或者一节一节地往后推，但是到了高考综合复习之前，对于那些知识点相互交叉的题目，要引起足够的重视。这样的题目经常出现在高考的最后一道大题。

比如，函数与不等式、函数与数列、函数与导数、解析几何与二次函数、解析几何与二次方程。为什么有些学生会害怕解析几何？因为解析几何是代数和几何的一种交叉，要学解析几何，必然要用到代数的内容。我发现，很多学生不是害怕解析几何本身，而是害怕二次函数、二次不等式、二次方程和解析几何交叉，这样的学生属于综合能力不到位。再如向量与解析几何的交叉。这些其实都是高考命题的一些重点，平常的复习应该引起足够的重视。

08 / 克服高考前的"高原反应"

当班主任这么多年,我对自己比较满意的一点就是,我能够在高考前的这段关键时期,牢牢地吸引学生的注意力,调动起学生学习的积极性。

影响高考的不良反应

对任何学生来说,高考都是一座攀登起来颇有难度的高峰。正因为如此,很多学生临近高考,总会出现这样那样的问题,进而影响他们的学习效率。很多人认为,学生越临近高考,精力应该越集中,效率应该越高。其实不然,现实生活中的情况正相反。我带了这么多年高三的学生,据我观察,临近高考,学生一般会出现三种情况:

第一种,由于高考压力太大,有点儿心理焦虑,坐立不安,根本无法安心学习;

第二种,感觉高考马上就要来了,自己好像已经功成名就了,会出现一种浮躁的心态,严重影响学习效率;

第三种,认为临近高考,一切已成为定局,没有学习的必要了。

更有甚者，有些老师也存在错误的观念，他们会告诉学生，还有 1 个月就高考了，你看你现在这样，基本就定型了，还是以调整为主，查缺补漏就行，不需要系统学习了。不少家长也认为，此时学生应该以养精蓄锐为主，结果弄得学生根本学不进去了。

最可怕的是，有些学生会出现"真空期"，这有点儿类似于生理上的"高原反应"。其实，很多考生在紧张的高考即将到来的时候，都有那么一个阶段要出现"高原反应"，感到过去学的东西一夜之间都蒸发了，什么都记不起来了。

这本来是一个比较正常的现象，对第一次参加高考的学生来讲，感觉紧张是很自然的。但是，由于学生不能正确认识这一现象，再加上老师、家长不知道怎么引导他们克服"高原反应"，所以学生又急又怕，越学越不会，惶惶不可终日，严重打击了自信心。这就在无形中无限延长了这一"真空期"，使得本来很有希望的学生在高考中一败涂地。

其实，考前的这一段时间，当大家都学不进去的时候，当别人都已经处在浮躁状态的时候，如果能调整好自己的心态，让自己的注意力专注于解决一些具体问题，而不去考虑高考的情境和结果，你就会迅速拉大自己与别人之间的差距。

当班主任这么多年，我对自己比较满意的一点就是我能够在高考前的这段关键的时期，牢牢地吸引学生的注意力，调动起学生学习的积极性。虽然平时我带的班成绩看起来不是很突出，但是高考结束之后，往往结果比平时要好。

复习越针对越有效

我想通过我的孩子备战高考的故事来告诉学生，怎样抓紧高考前的最后 1 分钟。我的孩子在高考前也出现了"高原反应"，但是她在我的指导下，战斗到高考前的最后一刻，高考时数学取得了 147 分的好成绩。

那年，我的孩子要参加高考。过了五一之后，她突然心情沉重地告诉我："老爸，我要告诉您一个'不幸'的消息。"

我急忙问怎么了。

她说："我的数学现在是一片空白，连基本的公式都记不清了，我感到整个数学出现了一个真空。"

其实，我做了这么多年高三的班主任，非常清楚这个现象，只要正确对待，没什么大不了的。我现在能做的，就是要尽我所能，帮助她脱离"真空期"，消除心理上的恐惧。

我很轻松地说："就这么点儿事，至于紧张吗？"

她瞪大眼睛问："这个事儿还不严重吗？"

我说："这点儿事好办。你想想，你老爸是教数学的，你恰好就数学出这点儿事，我给你搞定！"

还有1个月就要高考了，就算我搞不定，也得说"我能给你搞定"。要想让她走出心理困境，让她充满信心才是最重要的。

"您怎么给我搞定？"

我说："现在离高考还有4周时间，你利用3周的时间，把其他几科内容快速复习一遍，数学给我腾出1周来就行了。"

我这样的时间划分，就等于制造了一个假象：虽然看似还有1个月高考，但我留给她的只有3周，造成一种紧迫感，自然她的效率就提高了。孩子就利用这3周的时间，紧张、有序地把其他几科复习了一遍，最后还有1周，就轮到我给她解决数学的问题了。

我按照高考题的模式跟我的孩子探讨："第一个题型是选择题，这部分还需要我帮你吗？"

她想了想说："选择题吧，反正知识点比较散，而且难度也不大，我自己来吧。"

我紧接着说："好，选择题过了。第二个题型是填空题，怎么样呢？"

她说:"填空题我自己来。"

我快速地说:"好,填空题过了。后边还有6道大题,第一道题是三角函数题,怎么样?"我之所以快速地说"过了",是为了不留给她任何反悔的时间,否则她一犹豫,就会想起还有这不会那不会的,容易扯皮。

她自信地说:"三角函数这道题没问题,我能得满分。"

我说:"过了。立体几何这道题呢?"

她想了想说:"立体几何我也能得满分。"

我说:"好,过了。还有一道概率的题目,怎么样?"

她有点不好意思:"概率这道题,我还经常会犯一些低级性的错误。"

我说:"好,这道题交给我了。接下来就是解析几何的题,怎么样?"

她说:"解析几何题第一问我还行,第二问我基本上做不出来。"

我说:"这道题交给我。还有一道题是代数杂题,利用导数来研究一些参数的取值范围,或者研究一些变量的最值问题。这道题怎么样?"

她想一想:"这道题没问题。"

我说:"好,这道题过了。这样,还剩最后一道大题了。按照高考的要求,最后这道大题是一道难题,是一道防不胜防的题目,它是压轴题,或者叫拔高题,那不是正常人能做的。还有1周就高考了,咱们也来不及处理这道题了,能不能把这道题忽略,不做了,行不行?"

她说行。

其实,学生最怕老师和家长要求他们把每道题都拿下,这是办不到的。听到我说不用做最后一题,哪儿还有不行的?

"好,咱们分一下工,还有7天高考,你利用5天的时间把你会做的题目详细复习一遍,然后给我留两天,我帮助你处理概率和解析几何的题目,行不行?"

她说行。

她去忙她的了,我就开始备课了,给自己的孩子讲课也不能偷懒,不能糊弄。当然，不是说我给别人的孩子讲课就可以偷懒，可以糊弄，而是自己的孩子到了"生死攸关"的时候，我必须拿出最精华的东西。

我把全国各地近5年的高考试题全部找来，在概率和解析几何的题目上进行认真的分析、排查、归纳。其实，我处理这些题目，对自己也是一个很大的提升。我突然发现，每年的高考题目看似变化多端，其实万变不离其宗。我总感觉，在无形中总有一种有形的、若隐若现的东西在我脑海中闪现。我就抓住这种感觉，给我的孩子编了8道概率的题目、6道解析几何的题目。

6月5日那一天，我给孩子讲概率时就不再按教材系统地讲了，否则无论怎么讲，针对性都不强。我把8道题目拿给她，说："今年高考的概率题肯定不会在这8道题目的范围之外。把这8道题搞定了，今年高考的概率题你就过关了。"

她一听，就高高兴兴地来做这8道题目。等她做完了，我给她批改，结果检查出3个地方有错误。我就在3个错误的地方给她进行了详细的剖析和讲解。

最后，我说："孩子，假如今年高考就出这8道题的话，你有没有把握得满分？"

她说："没问题，我能得满分。"

我说："我也感觉你一定能得满分。"

就算你感觉她还有"危险"，也不能说出来，就说"一定能得满分"。还有两天就高考了，千万不要给孩子泼冷水。

我针对这套题目给孩子讲解了大约1个小时。到了第二天，我又把那6道解析几何的题目交给了孩子，结果第一道题她就不会做。

我带过这么多届高三的学生，我发现，几乎所有高三的学生都害怕解析几何，为什么呢？解析几何的题目是每年高考必考的，而且这道题目介于难题和中档题之间，计算量又特别大，几乎成了学生能不能考上

"双一流"大学的分水岭。为什么这么说？

这是因为，解析几何这道题 14 分，如果这道题拿下来，高考数学得 130 分以上就比较轻松；如果这道题拿不下来，高考数学得 120 分都很难。想考"双一流"大学，数学成绩在 120 分以内，肯定是拖后腿的。

我的孩子现在面临同样的问题。第一道题她就不会。我给她讲了一遍，问："怎么样，自己来一次？"

她按照我的思路接着往下做，结果做到一半，又遇到一个非常"变态"的二次方程。

面对这个"变态"的庞然大物，我的孩子又不知道怎么做了。我看她在那儿想了好长时间，也没想出思路，又给她点拨了一下。她会了，却不接着往下做，而是开始解下一道题目了。

我忙拦住她："怎么回事？这道题你还没解出来呢，怎么去解下一道题了？"

她说："我会了。"

我说："你真会了？我告诉你，其实这道题你不会做，是我给你讲了之后你才会的。但你又不是完全不会，因为我给你讲了以后，你能听明白。这样的题目恰好是你突破的一个关键点，你离这道题只有一步之遥，而且这个难度是你努力一下就能够跳过的。这样的地方是最容易提升分数的地方。你通过这道题的铺垫，如果能把这个制高点拿下来，那么你的成绩就会上一个台阶。你现在能不能把你的心情整理一下，忽略我刚才给你讲的思路，从头把这道题再做一遍？反正明天就参加高考了，所以用多长时间做这道题都没关系，但你必须保证一点：这道题必须得满分。"

我的孩子调整了一下心态，就开始做这道题，做了半个多小时，终于把这道题拿下来了，最后的结果出奇地简单。解析几何确实存在这样的现象：过程越"变态"，往往最终的结果越简单。所以，踏遍坎坷成大道，鼓足勇气就能冲破黎明前的黑暗。问题是"天亮了，你还在吗"。

我的孩子经过半个多小时的努力，解出了一个非常简单的结果之后，非常激动，长出了一口气。

我问："怎么了，找着感觉了？你这个感觉来得挺是时候的。你看，明天高考，你今天就找到感觉了。你过去是怎么学解析几何的？"

她说："反正我知道我害怕解析几何，一遇到解析几何的题目，就没有信心了。我看上两眼，反正一般都没有思路，然后我就看看答案，或者听听老师的讲解，就听明白了。"

我接着说："听明白了，然后继续匆匆忙忙地做题，再遇到这样的题还是不会，对吧？你想，本来解析几何是高考必考的题目，而你呢，这类题目又恰恰不会做，但是你听老师讲能明白，你把这样的题目拿下来了，你的得分不就有一个很大的提升了吗？结果，你之前一次次地与这样的机会擦肩而过。虽然你每天也在做题，而且很忙，其实你做的题都是在你熟悉的地方重复来重复去，对于真正需要突破的地方，你却一次次放弃。现在你通过这道题目的突破，对解析几何的感觉和把握能力，就会上一个很大的台阶。你再做第二道题试试。"

她开始做第二道题。其实，第二道题比第一道题还难，可是有了第一道题的心理突破，她再做第二道题的时候竟然比第一道题顺畅，而且后边那几道题，她做得一道比一道顺畅。到了第六道，她跟我讲："老爸，这道题我不做了，行不行？我会了。"

她把解题的思路讲给我听，第一步该干什么，第二步该干什么，每一步中间会遇到哪些障碍，怎么解决，讲得头头是道。我感觉到她完全具备了对这道题的驾驭能力，非常激动："孩子，你今年高考的解析几何题绝对能够拿下来！"

就这样，我的孩子怀着满满的自信走向了考场。高考完了，我去接她。其实，我去接孩子的时候，也是提前备了课的。我就琢磨着，当我的孩子出来高高兴兴时，我该说什么样的话，这话一定要短，但得有力度；我的孩子从考场出来悲悲切切的，我该说什么话，我必须用最短的语言把她从困境中解脱出来。

结果，她考完数学出来以后一脸的平静，弄得我不知道怎么办了。我没备好这方面的课，没考虑当她从考场出来一脸平静时，我该说什么话。

孩子出来以后，什么表情都没有。我们俩走出了一段路，我也不敢说话，因为没准备，就不敢轻易说话了。

过了一会儿，我的孩子跟我讲："老爸，今年的高考数学我可能有点儿遗憾。"

我心里咯噔一下：怎么能有遗憾？高考的时候有遗憾，这不麻烦大了吗？

我问："怎么了？"

她说："我今年的高考数学可能得不了满分。"

我一听，非常高兴，因为我的孩子心里是很有数的。她都能说这样的话，证明她考得很好，我心里真的是乐开了花。最后的结果出来了，她的数学考了147分。满分是150分，她竟然得了147分！高三这一年所有的数学考试，她的成绩从来没有超过120分，但是通过最后1个月的调整，她竟然考了147分！

可能有人会说："你是数学老师，你当然能帮她。"

可是，你看我引导孩子学习的过程，我最后讲解的时间加起来不到两个小时，我对她的作用，更多的是引导她更加自信，更加有针对性。结果，我的孩子成功了。

09 / 准备万全，考试不难

考试是对一个学生平时的能力、基础知识、学习素质的全面检验。平时学得不好，别指望大考时能超水平发挥。如果自信平时学得还不错，就不用担心考试的时候会考不好。

我引导我的孩子在高考中取得突出成绩的经历，使我感悟到，其实高考之前的这段时间，只要心态调整好，只要方法对路，就完全可以有突出的提升。考试确实有技巧，那么如何在考试中间把握这些技巧，让自己获得一个比较满意的结果呢？

一个学生在求学的过程中都要经历很多考试：有些是平时的测验，对高三的学生来说，这样的测验几乎每天都要进行；有些是比较重要的考试，比如期中考试、期末考试；有些是决定人生命运的考试，比如中考、高考。我谈到的如何把握考试技巧中的"考试"，是指后两者。至于平时的一些小测验，把它当成一次复习、一次作业，可能会更好。一些重要的考试或者决定人生命运的考试是需要精心备战的。我们不能打无准备的仗。归结起来，我觉得学生应该做好三种准备。

做好物质准备是考好的前提

物质准备泛指一切实质性的准备，主要有三个方面。

第一，要提前准备好考试用品，不能两手空空上考场。

考试前，考生要准备好准考证和相应的文具。我见过许多考生来到考试地点，才想起没带准考证，这是最致命的。就算急急忙忙回家去取，赶得上考试，也会大大影响自己的心情。更何况高考时，交通出奇拥堵，能赶上考试已经谢天谢地了。至于文具，有些学科是需要准备特殊文具的。这些东西不准备好，到了考场上用的时候，你就会受影响，因为在重要的考试中，是不允许向别人借东西的。

第二，适当来点儿提神的、有营养的东西。

体育比赛是禁止使用兴奋剂的，但考试时家长可以根据具体需要，适当为自家的考生准备点儿提神的东西。因为一些大型考试，比如高考，有些科目需要考两个半小时的时间（语文就是如此），考生大脑的活动量是相当大的，最好考试之前来点儿提神的东西，让考生的大脑在这两个半小时里始终处于高效率运转的状态下。

至于提神的东西，我觉得咖啡或者茶都很好。进考场之前半个小时，喝上几口浓茶，到了考场上，紧张的考试氛围一烘托，茶叶中提神的物质就开始发挥作用了。在这两个多小时中，考生会一直处于激情澎湃的状态，这样就有可能超水平发挥。

使用提神的东西时还得注意一点，就是平常没用过的不要这个时候用。我在我的孩子参加高考时就犯了一个错误。我忘了孩子平时是从来不喝咖啡的。去考场之前，我给她冲了一杯咖啡。结果，孩子考完以后埋怨我："老爸，您可把我坑苦了。我喝了咖啡以后，在考场上一直头发胀。"我老婆一听孩子诉苦，也批评了我。我也暗暗地自责了很长时间。

从此，我吸取了教训，也建议大家：要想考试期间提神，可以提前几天每天喝一点儿，这样就会适应了。不要在大考之前搞什么实验，我的做法就是一个教训。

  之前，我还遇到过一件事。当时，我在沂水一中当班主任。我的班上有个学生是住校生，所以高考前他爸爸从老家跑到县城，想看看孩子，给孩子鼓鼓劲儿。爸爸想给孩子带点儿吃的，给孩子补充一下营养，就在大街上买了一只烧鸡。这个学生看到爸爸拿着烧鸡来看他，特别激动，狼吞虎咽地就把烧鸡吃了。这下可麻烦了，高考前的那天晚上，别人睡觉，他一晚上跑了五六趟卫生间，最后实在扛不住了，半夜去敲我家的门求助："老师，我这一晚上老是上卫生间，现在浑身一点儿力气都没有……"

  我马上起床，陪着他去医院挂吊瓶，一直挂到第二天进考场之前。这样，他的身体增加了一些能量，病情得到了控制。但是，他在高考前夕经受了这样的"折磨"，情绪也受到了影响，高考时没发挥好。

  这件事使我又一次感觉到：大型考试之前，我们可以给孩子补充一点儿有营养的东西，但是平时不常吃的东西，最好不要去尝试。另外，一定注意要清淡和卫生。那位家长给孩子买的烧鸡，有可能有问题，也有可能没问题，但是孩子平时饮食清淡，结果吃了之后肠胃不适应了。无论如何，都不能在大考之前让孩子乱吃东西，这点一定要谨记。

  第三，进考场之前，一定要去一趟卫生间。

  大型考试一般时间都很长，原则上来讲，没有极特殊的情况，考生在考试期间是不能去卫生间的。要是考前没有及时去一趟卫生间，考试的时候会很难受，以致考试的过程就变成了与困难做斗争的过程，老是想着能不能允许我去趟卫生间。这会严重影响考生的发挥。这点看似微不足道，不值一提，其实很重要，也就是说，考生进入考场前的最后一个地方，应该是卫生间。

做好心理准备才能有好成绩

  高考前除了做好物质准备，还要做好心理准备。做好如下三方面的心理准备，才能在考试中正常发挥甚至超常发挥，考出好成绩。

第一，要有一颗平常心。

平常心是指，一定要明白，平时学得好，大型考试就能发挥得好。考试是对你平时的能力、基础知识、学习素质的全面检验。如果平时学得不好，就别指望大型考试时能超水平发挥。如果自信平时学得还不错，就不要担心考试的时候会考不好。

当遇到难题，你一定要这样想："同一位老师，同一套教材，用的同一套训练题目，考场上只要我不会做的题目，别人肯定也不会，但是只要我会的题目，别人一般也会，所以我们的较量不是在不会做的题目上，而是在我们都会做的题目上，看谁能够少丢分，甚至不丢分。"很多人遇到一道题目，一看很陌生就心慌了，其实你可以想一想：你没见过，你的所有同学、所有坐在考场上的人，他们可能也没见过。这样一想的话，你心里不就坦然了吗？

第二，不要怕出错。

当然，要是高考出错的话，确实是一件很令人头疼的事。但平时的大型考试，多数尽管再重要，也不是能决定你的命运的，所以不要怕出错。你就这样想："我就通过这样的一次大型考试磨炼一下心理素质，就算在考试中出错，又能怎么样？在这么重要的地方出了错，那说明我暴露出来的问题确实很严重，当然也很重要。我就把这样的一次考试当作一次心理磨炼、一次素质提升、一次非常好的复习。即使出错，这样的大型考试出现的错误，可能会对决定我命运的那次考试起到很好的警示作用，督促我查缺补漏。"在大型考试中，一旦不怕出错，你就会发现你做题的正确率反而会更高。

第三，千万不要作弊，连想都不要想。

那些平常想作弊的学生，大部分都是学习不用功的学生。在大型考试中，学习成绩欠佳的学生时间是普遍不够用的。这个时候，越发需要学生全力投入考试，更要求其心态平和。比如，那道题目你本来没有思路，由于心非常平静，你就有可能突发奇想，灵感大开。如果在考场上搞得自己心烦意乱，或者是三心二意，就会严重影响到自己的思路，可能平常会做的题目都不会了。

请大家想一想：一个学生如果在考试的时候，把作弊当成一个非常重要的任务来完成的话，那么走进考场时，心里就只会想着怎么能够想方设法从别人那儿获得一些东西。你得跟监考老师捉迷藏，你得像做贼一样，眼睛老是盯着监考老师的一举一动，想着利用他们不注意的时候偷偷做点儿什么。其实，这种反常行为反而容易引起监考老师的注意。

我监考的时候，只要看见哪个学生有飘忽的眼神，做贼心虚的表情，就会把眼睛转向别的地方，而非紧紧盯着他。这样做是为了给他一次机会。如果他收敛了，我就不会再计较。如果他我行我素，我就会抓现行。一个想作弊的学生，在考场上表现的那种神情和动作，绝对骗不过监考老师的眼睛。

如果整场考试都觉得毛骨悚然，浑身不自在，你还能考好吗？就算有可能偶尔得逞，你得到一点儿，但是失去的会更多。你失去的不仅是分数，更重要的是诚信，你把自己比较自卑的一面暴露给了别人。我觉得，这是一种人格侮辱。况且，高考这么严肃的考试，作弊的可能性几乎没有。希望大家千万不要怀有侥幸心理，千万不要有作弊的想法和行为。

做好技术准备才能决胜考场

考试也是需要技术的，做好技术准备才能决胜考场。从我多年从教的经验来看，考试的技术准备有以下九个方面需要注意。

第一，充分利用考前 5 分钟。

按照大型考试的要求，考前 5 分钟是发卷时间，考生可以填写准考证号、姓名等信息，但不准做题。不过，这 5 分钟可以看题。我发现，很多考生拿到试卷之后，就从第一道题开始看。其实，这是不科学的。

我给大家的建议是，考前5分钟是用来制定整个考试战略的关键时刻。之前没看到题目，你只是空想；看到题目以后，你得利用这5分钟迅速制定出整个考试战略。

我是教数学的，我要求我的学生拿到数学卷子，不要看选择题，也不要看填空题，先看后边的6道大题。这6道大题的难度分布一般是从易到难。我们为了应对这样的一次考试，已经做了大量的习题。试卷上有些题目你可能已经做过类似的了，或者你一目了然，感觉很轻松，我建议先把这样的大题拿下。一道大题一般15分左右。如果这15分拿得如同探囊取物，你就有底气了，心情也好了。

特别是要看看最后那道大题。如果一看那道题目根本就不是自己力所能及的，就把它"砍掉"，想着后边只有5道题，这样在做题的时候，你就能够控制自己做题的速度和质量。如果对倒数第二题也没有什么感觉，你就想，可能今年的题出得比较难，那么现在最好的做法应该是把前边会做的题目踏踏实实做好，不要急于做后边的题目，因为后边的题目不是正常人能做的题目。

考语文时如何利用这5分钟制定考试战略呢？大家的答题习惯不同，有些学生先答基础知识，有些学生先写作文。那么，这5分钟最好做什么呢？先看一看作文题目。一看作文题目，平常做题练习过类似的范文，那还不先把作文搞定，再去踏踏实实地答基础知识？

第二，进入考试阶段先要审题。

审题一定要仔细，一定要慢。我发现，数学题经常在一个字、一个数据里边暗藏着解题的关键，这个字、这个数据没读懂，你要么找不着解题的关键，要么会误读这道题目。学生如果在误读的基础上做题的话，可能感觉做得很轻松，但实际上1分也得不到。所以，审题一定要仔细，一旦把题意弄明白了，这道题目也就会做了。解答会做的题目是不耽误时间的，真正耽误时间的是在审题的过程中，在找思路的过程中。只要找到思路了，单纯地写那些步骤并不占用多少时间。

第三，一定要培养自己一次就做对的习惯。

现在有些学生好不容易遇到一道会做的题目，就快速地把会做的题目做错，争取时间去做不会做的题目。殊不知，前面的选择题和后边的大题，难易差距是很大的，但分值的含金量是一样的。有些学生以为前边题目的分数不值钱，后边大题的分数才值钱，这是一种错误的心理。

那么，考试时学生应该怎么分配自己的做题时间呢？我希望，学生在考试的时候，一定要培养自己一次就做对的习惯，不要指望自己能够腾出时间来检查。越是重要的考试，往往越没有时间回来检查，因为题目越往后越难。可能你陷在那些难题里面出不来，抬起头来的时候已经开始收卷了。

我上高中期间有一种比较虚荣的心态：大家都在忙着做题的时候，如果我突然交了卷，大家从沉思中惊醒"他怎么交卷了"，或者用一种吃惊的眼光看着我的时候，我就感觉特别爽。

我做题速度是比较快的，但是只要会做的题，一般都能一次做对，而做错的题目，回过头来检查也检查不出来。因为第一遍以为这样做是对的，先入为主，即便过了一会儿回来检查，也很难扭转自己的想法。为此，我就训练自己一次做对。既然回来检查也检查不出错来，那干脆我就来了个一次性的处理——提前交卷。

记得有一次，我们班考数学，我的数学老师监考。一共两个小时的考试，我用了1个小时就把卷子做完了，也不检查，直接交了卷。同学看我做得这么快，全都抬起头来看我。数学老师也非常吃惊。他拿着我的卷子在那儿看，我就站在门口等着数学老师的反应。数学老师把我的数学卷子看了一遍以后，冲着门口对我竖起了大拇指，当时那种感觉太幸福了。就为了追求这种感觉，我在平常的考试中都保证只要会做的题目尽量一次成功。

1978 年高考的时候,我的这种行为换来了回报。高考的题量太大,所以我就一头扎到题目里边疯狂地往后做。即使这样,后边也还有两道大题没做完。铃声一响只能交卷。我发现,只要我做过的题目基本全是对的,虽然还有两道大题没做,但我的数学成绩还是非常突出的。

第四,做题要由易到难。

一般大型考试在设置题目时往往会遵循由易到难的规律。比如,前边的题目往往比较简单,越往后越难,这样有利于学生正常的发挥。这也是恢复高考四十几年来积累的经验。早些年,因为没有注意题目难易程度的铺垫,导致某一年的高考数学吓倒了很多考生。那年数学的第一道题就是一道大题,很多学生就被吓蒙了,于是整个考试考得一塌糊涂。就因为有这样一些事故性试题的出现,让学生不能正常发挥,高考在命题的时候一般都会遵循由易到难的规律,先让学生慢慢地进入状态,再慢慢地加大难度。

有些学生自以为水平很高,对一些简单的题目不屑一顾,干脆从最后一道题开始做。其实,这种做法风险太大。因为一般来讲,最后一道题难度都很大,学生一旦在这个地方卡了壳,不仅耽误时间,而且会让自己的心情受到很大的影响,甚至影响整场考试的发挥。

当然,由易到难并不是说从第一题一直做到最后一道。以高考数学题为例,一般高考数学题目设置有三个小高峰:第一个小高峰出现在选择题的最后一题,它属于难题的层次;第二个小高峰是填空题的最后一题,也是比较难的;第三个小高峰出现在大题的最后一题。我说由易到难,就是要把握住这三个小高峰。

前几年,我受邀给北京的一所大学出自主招生的数学题目。[①] 数学考

[①] 自 2020 年起,自主招生退出了高校选拔录取工作。部分"双一流"大学经教育部批准,开启了旨在选拔培养有志于服务国家重大战略需求且综合素质优秀或基础学科拔尖学生的强基计划。

试共3个小时，180分钟，我出了180道选择题，平均1分钟1道题。因为自主招生是在优秀学生中选拔更优秀的学生，所以每道题目都具有相当的挑战性。评分标准也比较特殊，答对了得2分，不答得0分，答错了倒扣1分，重点在考查学生的自信心和决策能力。

自主招生考试那天，因为怕中间有什么意外，我留在了学校。考完之后，从考场出来的学生们神态各异，有人神情很凄惨，不停地唠叨这次可被坑苦了。他们生气，不是气这套题，而是气自己：题只做了三分之一，一看后边有些题目原来很简单，但是没时间做了。

这些学生可能平常习惯于从第一题做到最后一题，即使中间遇到难题也绝不放弃，不做个天荒地老，不做个昏天黑地，绝不认输。就没想到本来1分钟1道题，这道题耽误了五六分钟，甚至10多分钟，后边的题就没有机会做了。

所以，遇到这样的考试，正常的做法应该是：快速地看，跟着感觉走，碰到某道题有感觉就停下来，把它搞定；要是觉得某道题有点儿难，先放一放，往后做。等到把这180道题目中自己比较熟悉的题目做完后，再回来处理感觉稍微好一点儿的题目。那些一点儿感觉都没有的题目，应该果断地放弃。

最后，阅卷结果出来了，我们发现，竟然有一部分学生还得了负分。这是怎么回事呢？原来他们没看清题意，一看后边没时间做了，就ABCD随便填，错了就扣1分，把前边得的分全给抵扣掉了。

第五，控制做题速度。

平常有学生问我："老师，我多长时间做一道选择题，多长时间做一道填空题，才是比较合理的呢？"

我觉得，这个不能一概而论。应该说，你平常用什么样的速度做题，考试的时候就用什么样的速度，不要刻意地告诉自己，考试的时候要加快速度。

其实，考试的时候，你的做题速度要是和平常训练时候差距比较大的话，很可能会出现因速度加快导致质量下降的隐患。一场大型考试，你会做的题目本身就那么多，如果加快速度，结果把会做的题目做错，而腾出的时间去做后边的难题，又长时间地解不出来，很可能造成会做的题目得不到分，不会做的题目根本不得分的窘境。

不要担心"做慢了，做不完"，只须把握住一点：如果一个学生在考试中始终在自己会做的题目上全神贯注的话，他一定能在这场考试正常发挥，甚至超水平发挥。一直投入到会做的题目中，按照平常训练的速度，踏踏实实地往前推进，即使时间到了，后边还有题目可能会做但来不及了，我也不认为这是一个令你后悔的结果。最后的结果出来，你会发现，你得到的分数往往会比你的实际水平要高。所以，考试的时候一定要控制做题速度，我觉得这是考试技巧中一个很重要的方面。

当然，有的学生可能会有这样的顾虑："这道题我会做，但是我写慢了会影响时间。"其实，大家要明白，只要是你会做的题目，按照事先想好的思路来做的时候，它占用的时间是很少的。真正耽误的时间是在解题的过程中。如果前边本来可以不出错误，结果你一不小心在某一个关键数据上，或者在某一个符号上出现问题了，从此你就陷入一种"万劫不复"的状态，这样最耽误时间。

第六，根据学科的特点抓住得分点。

比如，高考语文中的作文题，阅卷老师的起评分一般在40分左右。也就是说，一个学生只要能把这篇文章写得有开头、有过程、有结尾，就能得40分以上。我的孩子平常就容易犯虎头蛇尾的错误，她读的书不少，积累的名词也挺多，所以遇到一道题目，就浮想联翩，作文写得洋洋洒洒，最后自己都找不着"回家"的路了，结不了尾。

一篇作文光有开头没有结尾，得分将会大打折扣。我的孩子参加高考，考完语文以后，出来时高兴得不得了，说今年高考作文竟然写完了。

另外，中国人追求"文似看山不喜平"，语文作文越是跌宕起伏，越是充满悬念，越容易得高分。但是，英语作文就不同了。你要是找一些稀奇古怪的名词来表达你并不会表达的意思，得高分的可能性反而不大。写英语作文，你要表达某个意思，用的单词越通俗易懂，越容易得高分。写英语作文时千万别玩文字游戏。

考数学时，有人考完以后说某道大题能得满分，结果却并非如此。一道大题 15 分，结果呢，这儿扣点儿那儿扣点儿，最后只能得个八九分。学生还觉得挺委屈的，这道题明明会做，怎么被扣分了呢？其实，是过程出问题了。数学解题的步骤是有分数的，而且这个分数还有比较明确的界定。学生在考试的时候，一定注意这些学科评分的得分点。

比如，题目让你求出一个椭圆的方程，你可能不会求，但你只要写上"解：设所求椭圆的方程为 $x^2/a^2+y^2/b^2=1$"，就很可能得 1 分，而这 1 分是不需要任何付出的。解数学应用题的时候，你做完了，得写上"答：以上结果是 ××"，要是没有这句话就被扣分了。

特别是立体几何题，很多学生以为自己会了，能得满分，结果步骤分被扣得比较多，就是因为得分点没突出来。比如，要求二面角，一般遵循"一找、二证、三求"的步骤："一找"是指把要求的角找出来。结果，我就发现学生做这样的题目时，明明把这个角找出来了，他就缺这么一句"所以，这个角即为所求"。没有这句话，通篇就看不出他把这个角找出来了，就会被扣分。"二证"就是你找到这个角了，还得根据相关定理的规定，证明这个角就是你要找的。"三求"就是把这个角求出来，此时应该写上"所以这个二面角的大小为多少"，没有就会被扣分。这几个关键的得分点很容易被忽视。

另外，还要注意，立体几何的有些定理，比如线面垂直的判定定理，用汉语来表达：如果一条直线和一个平面内的两条相交直线垂直，则直线和平面垂直。但是，汉语在解题的过程中就无法运用了，解题得使用符号语言。

有些学生误以为，线面垂直的判定定理是三个条件推出一个结论，其实是五个条件推出一个结论（a 垂直于 b，b 垂直于 c，b 在平面 a 内，c 在平面 a 内，b 和 c 相交于一个点，则 a 垂直于平面 a），于是你要证明，一条直线和一个平面垂直，得把那五个条件全写上，再推出一个结论，这道题就得满分。漏掉一个条件就很可能被扣分。

第七，基础题得满分，中档题多得分，难题能得分。

大型考试最后的那道难题可用四个字概括——防不胜防。这不是正常人能做的题目，正常人也别指望在这道题上能够有多大的收获。有时候，放弃也是一种智慧，也是一种勇气。一个数学能得 100 来分的学生，把重要精力用在最后这道难题上，就大错特错了。

高考每道题目的得分率是有一定要求的，最后一题既要难，还得让大家得分率别太低，它总会抛出那么几分，让大家比较轻松地得到。因此，高考时，不必费力去做最后一题，但绝不是说这道难题就不能得分。

你应该有什么心态呢？"反正最后这道题，我也不想做，那我还怕什么呢？"你一不怕它，反而就有勇气了。有勇气之后，你就要盘算一下，自己到底能得多少分呢？可能你突然发现，这道题解出来比较难，但要想得三四分还是比较容易的。我在平常训练学生的时候，有一句话就是"不会也能得 3 分"。

我的孩子就是这种做题思想的受益者。她在高考结束后跟我说起了她考数学的体会。她没打算做最后的题，所以就非常沉着地按照这个思路往下做。由于我事先给她出的 6 道比较难的解析几何题目培养了她良好的心态，所以她就不害怕解析几何题了，反而感觉这道题目其实很好做，很轻松地就把她过去经常受阻碍的概率题目和解析几何题目拿下了。

做完以后，一看表，离交卷还有 20 多分钟。她一想没事儿了，那干脆就来看看最后这道题，反正也不想做出来。心情轻松，时间宽裕，就看看最后这道题，能得多少分就做多少分的，竟然把最后那道题也拿下了，所以才有了147分的好成绩。

第八，防止慌场。

考试的时候，本来以为这道题对自己来讲难度不大，结果一看第一道题，当头一棒，怎么也找不着感觉。干脆把第一道题放过去，再看第二道题，发现第二道题更难。连续碰上这么几道难题，心里就慌了。这一慌，脑子出现一片空白，本来会做的题目也不会做了。这种现象就被称为"慌场"，几乎每个学生都会遇到这样的现象。

既然如此，那么遇到慌场时，该怎么做呢？在一些大型考试中，遇到慌场，大可以这样想："多亏这次慌场不是高考，它提前到来了，这样高考的时候就不会出现慌场了。"这样一想，你反而为慌场的到来感到高兴，一高兴可能就心态平和了。

另外，就算高考时真遇到这样的事情，你可以先闭目沉思，然后深呼吸，控制自己的情绪，心里这样想："反正这场考试已经这样了，我也别着急了，能做出一道是一道。也许我先把最简单的题目做出来，心态就平和了，头脑就冷静了，再回过头来看刚才这些题目，就找到思路了。"把刚才让自己遇到挫折的几道题目放弃，去看其他题目，才是正确的做法。而且，看其他题目时，也别指望有大的收获。这样很容易让自己冷静下来，可能很快又找到感觉了。

最重要的是，你应该这样想："同样的老师，同样的教材，这道题目我既然不会，其他同学也不会轻松的，大家是公平竞争。"这样一想，你不就不慌了吗？

现实生活也确实如此。有一年，我在沂水一中带高三，那年的高考数学一考完，全校学生就哭成了一片。大家为什么哭呢？题太难了！当时山东高考数学满分是120分，我那个班上学习成绩最好的学生只考了49分，而那个学生竟然考上了国防科技大学。

题目比较难时，成绩一般的考生突然感觉和自己的期望值相差比较大，所以一下子就慌了。从最后的结果看来，其实大家都是一样的。由此可见，造成考生考场上的慌场的原因，可能不是题目本身，而是考生的个人心态。

第九，考完以后千万别急着离开考场。

考完试之后一定要检查一下，你的试卷集中了没有，一卷、二卷是不是都交齐了。很多考试，包括高考，会出现一些丢三落四的事情。比如，试卷被收走了，答题卡被落下了；或者考生考完了，把卷子放到桌面上走了，结果下一场来考试的时候，突然发现还有1张卷子没收……为了避免上述意外的发生，考完试以后，大家不要急于离开考场，要确认该交的试卷、答题卡、草稿纸等都被收走了再离开。

10 / 如何看待奥数这件事

> 对一些学有余力的学生来说，14岁之前，能够接触一些更加具有挑战性的、关于思维能力的训练，对他们以后轻松学习和提升一生的竞争力，都是很有帮助的。

我曾经应邀参加广东省肇庆一中的百年校庆。我到了以后，得到了一个令我高兴的消息：当年广东省的理科状元就出自肇庆一中。其实，肇庆一中在广东省并不是多么突出的学校，但是这里的学生为什么能够拿到高考状元？正好当时这位高考状元回去参加了学校的百年校庆，她也谈到了自己的高考经验。

我在人大附中时，人大附中跟肇庆一中有合作关系。我们给合作学校提供了不少帮助，其中一个就是，该校每年寒暑假可以派一些优秀的学生到北京，来参加奥林匹克数学竞赛、物理竞赛、化学竞赛的培训。这个夺得高考状元的女孩在高一寒假就被推选到北京参加我们组织的奥林匹克物理竞赛的培训班。女孩来了以后，内心受到了一些触动：

第一，奥林匹克物理竞赛的培训课，她根本听不懂。但是，她看着其他的学生竟然有很多人能听懂，顿时感觉到了自己和同龄人的差距。

第二，当坚持听到最后时，她发现，看起来高深莫测的奥林匹克物理竞赛题，自己竟然能听懂三分之一了。她感觉，只要认真听，就会有收获。不到10天，自己竟然有了这么大的提高，看来自己还是很有潜力的。

第三，在培训间隙，我领着这些学生参观了北京大学、清华大学，参加了天安门的升旗仪式，参观了鸟巢……北京的大气和现代化，令她感到外面的天地太广阔了。如果自己不努力，这么广阔的天地必然与自己无缘。所以，从那个时候开始，她就立下了一个志愿：两年半之后，一定要考到北京，一定要考上清华大学。

能被所在学校推选到北京，说明她在学校的学习还是很不错的，她自己可能也会有一点沾沾自喜。到了北京，她受到了各方面的触动，回去以后完全变了一个人。因为她的目标已经不单纯是在她所在的学校排在前多少名，而是首先要考进清华大学。回去以后她主动自觉、充满激情地投入学习中。

经过两年半的努力，她成了广东省的理科状元，成功考进了清华大学。她说，让她能走到这样高的一个出发点，就是她到北京来参加奥林匹克物理竞赛的培训。

14岁之前是智力开发的关键时期

14岁之前是智力开发的关键时期。我经过多年的研究发现，对一些学有余力的学生来说，14岁之前，能够接触一些更具有挑战性的、关于思维能力的训练，对他们以后轻松学习和提升一生的竞争力，都是很有帮助的。所以，适当参加一些奥林匹克数学竞赛、物理竞赛、化学竞赛这样的活动，对学有余力的学生来讲是很有意义的。

我曾经辅导小学三年级的学生参加数学竞赛。当时，我给学生出了三道题目。第一道题是，1+2+3+……一直加下去，加到100等于多少。

要是从头加的话,一个小学三年级的学生是完不成的。但是,你可以这样想:1+100=101,2+99=101,3+98=101……从两头往中间凑,学生要做的事就是,发现了这个规律以后,数一数有多少个101,这是第一步。第二步是中间的数应该怎么处理。学生发现这个规律以后,会非常迅速地得出最后的答案——5050。

我接着就给他们出了一道新题:1+3+5+……一直加到101,等于多少呢?我感觉学生也会做,1+4+7+……这么加下去,学生也就会做了。

其实,我刚才出的这些题目,是在高二才会学到的等差数列。但是,拿到小学三年级去讲,我发现那些小学生接受起来也很轻松。因为14岁之前,学生们对其感兴趣的学科会表现出惊人的想象力和记忆力,成人往往会忽视他们的这种潜能。

下面看第二道题。这是一个4×5×6的立方体(如图四),先把其中相邻的两个面染红,再把它切成若干个1×1×1的小立方体,问这些小立方体中最多有多少个面,恰有一面是被染红的?

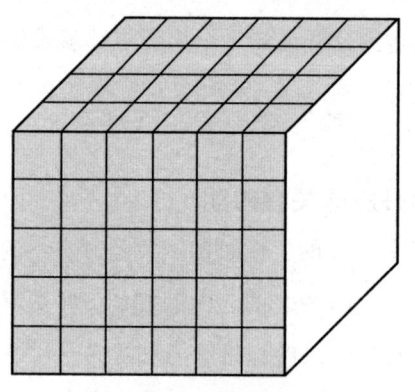

图四 染红相邻两个面的立方体

这道题不需要任何的数学背景,它的趣味性体现在对新认识的立体图形的描绘上。同学们在比画得像不像,好看不好看,特别是1×1×1

和 $4\times5\times6$ 这两个不同的立方体，活生生地展现在面前，这对学生的空间想象能力是一种很好的开发。

这道题有相当的知识性，比如怎么把那个立方体切割成 $1\times1\times1$ 的小立方体，就可以让学生去动手，去想象，然后在分析分解的过程中，使答案逐步浮出水面。

经过讨论，学生就开始回答了。

第一个答案是60。我说："你展示一下你丰富的思维过程，你是怎么得出60的呢？"他说："你看，朝着我的这个面是 5×6，2个面，那不就是60吗？"我说："这个答案好，这位同学这么爱动脑筋，大家给他鼓励鼓励。"于是，大家鼓起掌来。

另一位同学说："老师，不对，不对，我的答案和他不一样，我的答案是54。他没有考虑原题中这两个面应该相邻，他没有考虑'相邻'这个概念，认为这个面是30个，那对面不就也是30个嘛，结果是60。朝着我们的这个面是 5×6 的，相邻的上面那个面，是 4×6 的，这样求得的答案就是54。"我说："这个答案好，大家给他鼓励一下。"

话音未落，下边又有同学反对了。他说："不对，老师我还有别的答案，我的答案是48。第二位同学考虑问题忘记了要求只有一个面被染红，其实这54个里面有6个是有两个面被染红的，所以我说答案是48。"我说："这个答案比刚才那个更严谨。"

我正表扬这位同学，下边又有同学举手了。他说："老师，不对，我的答案比那个还好，我的答案是42。"其实，答案就是42。

就这一道题目，我跟一些三年级的小学生就能讨论两节课。那帮小学生一直兴致盎然，动手能力、发言能力完全得到开发。而且，请大家注意，我在讲这道题的时候，对所有提出答案的同学都进行了表扬，尽管这道题的4个答案中只有1个是正确的。但是，只要学生思考，老师就应该肯定，因为他动脑筋了，就值得表扬。只有这样，学生才不怕在课堂上犯错误，才敢于发言。只有这样，学生的积极性、思维品质，才能被充分地调动起来。

现在有一些老师上课时并没有这种意识，在他们看来，只有一个答案是对的，只要做错的，就会被批评。这对学生的思维是一种扼杀，对学生学习的积极性也是一种伤害。只要学生思考了，他就应该得到鼓励，就应该得到表扬。大家看，这道题目难道说学生真的学不了吗？完全可以学，而且在这种乐意融融的课堂上，学生对数学的兴趣真的会得到极大的培养。

再看一道题。有一个四位数，它有3个数字是相同的。比如，在有3个数字相同的四位数中除去1555和6333以外，与6111最接近的是多少？这也是我给小学三年级学生讲过的一道题。不需要什么数学背景，就是斗智斗勇。

第一位同学说，与6111最接近的，就不能动这个6，一差就差1000，所以只能动那个1，所以和6111最接近的是6222和6000。我说这个挺好。

下边又有人发言："老师，我还有一个比它们更接近的答案，我想的是6166，这个数字也符合要求。"我说："你这个更好。"我不说那个错了，而说你这个更好。

说到这儿，那帮小学生就不敢轻易发言了，他们陷入了沉思中，开始动脑筋了。不久，有个孩子举手，说："老师，我又想到了一个，是6066。"我一看，6066与6111，差距是45。我说："这就是正确的答案。"

6066出来的时候，大家已经找了老半天，想不出一个比6066更接近的数的时候，我说这就是答案。但是，请大家注意，前边每个答案的出现，都体现了学生优良的思维品质，所以都应该表扬。

在这样的课上，学生的思维得到了训练，兴趣得到了培养。更重要的是，学生的自尊心没有受到任何的伤害，所以他的思维必然能得到很大的开发。

奥数适合谁来学

我在前文通过三道题目阐述了什么是奥数，现在还需要进一步了解关于奥数的几个问题。

第一，哪个年龄适合学奥数呢？

据我的观察，最好是二年级之后开始学奥数。二年级之前，学生应该多动手，多享受大自然，多享受童真童趣，多进行一些语言能力的培养；二年级之后，再开始接触简单的奥数。这是因为，接触太早，一方面，孩子数的概念还没建立起来，可能压力会很大；另一方面，可能把时间挤占了，会影响到他后续的发展。

我发现一个现象：在幼儿园期间喜欢画画的孩子，到了高中学立体几何都比较轻松。我还发现一个特点：高中就立体几何来说，整体情况是男孩子比女孩子学得要轻松。当然，这不是说高中数学男孩整体就比女孩学得轻松，但就立体几何来看，男孩要学得要轻松一些。这是什么原因呢？男孩比较调皮，喜欢动手，女孩相对来讲更安静一些。动手能力其实与思维能力的开发是有关系的。

第二，哪些人适合学奥数呢？

我觉得有两类人。

第一类，学习能力很强，学习余力特别大的人。

对这类人来说，班里按部就班的课程根本就难不倒他们，他们平时学习很轻松。如果让他们参加有一点难度的奥数培训，他们的精力可能就会被吸引过来。

我几年前就接触过一个这样的学生。这个男孩小学还没读完，就已经换了三所学校，哪所学校都不愿意接收他。当第三所学校通知他的家长时，他的家长慕名来找我。家长说："这三所学校不愿意接纳我的孩子的理由，就是他太能闹了。"我问："他怎么闹了？"家长说："他上课老是说话，老是跟周边的同学做小动作，老师批评他也不听。"我又问：

"这孩子学习成绩怎么样？"家长回答，孩子学习成绩很好。

于是，我把男孩叫过来，问他："你为什么这么能闹呢？"他说："老师讲的那些内容，我一听就会了，但是我看我周围的那些同学都很认真地听。为了让同学知道我会了，我就故意闹腾，然后让老师提问我。我答对了，就能引起别人的注意。"我说："你的学习成绩很好吗？"他说："老师，我学习成绩绝对很好。"我说："我出几道题你试试。"

于是，我就出了几道奥数题目。男孩傻眼了，他不会做。我说："在低档次的竞争中，你觉得自己很厉害。你看，你要跟我们办的奥数班的学生相比，差距还是很大的，你承认不承认？"他说："老师，这道题我还真不会。"我说："我给你一本书。你要是1个月之内，把这本书能够拿下来，我就佩服你，还可以帮你联系学校；要是连这本书都拿不下来，今后我就不管你了，敢不敢接受挑战？"他答应了。

我给了他一本书，就是我组织老师们编写的奥林匹克竞赛的培训教程。男孩回去以后，就结合我们宽高教育集团的学习网络和那本教程拼命钻研。钻研了1个多月，他来找我："王老师，这些题我都会做了，您随便挑。"我挑了几道题目，他真的会做。我发现，男孩能力确实很强。于是，我就遵守诺言，去他目前所在的那所学校，对他的老师做了一番动员工作，建议把他留下，然后针对他的特点进行培养。

他从跟我接触以后，不再感觉自己很厉害，而是感觉到自己欠缺的很多。另外，他主攻了1个多月的奥数，感觉奥数特别好玩，所以一头扎到那里边，上课也变得稳重了，也不再调皮了。后来男孩高中就进入了人大附中，并被推选参加在日本举办的国际少年儿童奥林匹克数学竞赛，还得了一等奖。就这样，之前调皮捣蛋的男孩成长为一个很优秀的学生。

第二类，对数学特别敏感，对数学特别有感情的人。

对于这类人来说，尽管小学的数学成绩不一定特别突出，但是他在数学上表现出特别的敏感。如果从小开始引导，他将来可能会在数学上大有作为。

我觉得，不是全民都适合学奥数，但是对这两类学生，通过奥数的培养，能让他们过剩的精力有所集中，从而为他们以后奠定更好的竞争基础。

第三，我们要保护好参加竞赛的孩子的学习积极性。

我记得，有一年，某杂志社的记者来采访我，想给我写一篇采访报道。我们谈完以后，记者就跟我说："王老师，我的侄子参加数学竞赛，竟然才考了18分。有一个周末，全家聚会的时候，一听说他考了18分，我们都觉得特别可笑，都笑话他。"

我一听，心里就咯噔一下子。可能因为职业特点，我一旦发现摧残孩子心灵的行为，就特别敏感。我说："孩子当时是什么表现呢？"他说："他难过得哭了，躲在房间里边也不出来。我们都感觉到，这个小孩怎么这样呢，考差了还不让人说。"

我一听，真的很生气。我说："你们全家人，怎么这样去摧残孩子呢？我告诉你，数学竞赛的18分是个什么概念。一个在班里学习成绩第一的学生，数学竞赛都经常得零分。他数学竞赛都得了18分，他是一个相当厉害的学生。数学竞赛是一般人能参加的吗？竞赛的含金量是相当高的，1欧元和1日元，它能画等号吗？你看你们全家人，他考了18分，已经非常优秀了，你们却把这件事当成笑料，这样来摧残这个孩子，你们真的做了一件非常伤害孩子的事。"

记者一听，马上说："王老师，你这样一说，我也确实感觉到我们很对不起那个孩子，怪不得当时孩子哭得那么伤心。"我说："抓紧回去再安排一个家庭会议，你来召集，这个会议的主题就是向受到伤害的孩子道歉，可能能让孩子受伤的心灵愈合。"

后来，我听说那个记者还真安排了这么一个活动，大家向孩子表示了歉意，另外加以引导，孩子对数学的兴趣又浓厚起来。

培养孩子，就要保护好孩子参加数学竞赛最初的积极性。他一旦对数学产生了兴趣，可能就一头扎进去，乐此不疲，流连忘返，我觉得这就是迈向成功很重要的一步。

第四，中学生能不能参加竞赛呢？

在人大附中，要是我从高一开始教的话，通常整个年级的竞赛辅导就由我来带。一开始，高一随便报名，谁想参加数学竞赛都可以报。结果报名的有90多个人，一间教室都坐不下，大家就在阶梯教室上课。但是，讲着讲着，我发现，越讲人越少，一般到高三，也就剩30个人左右了。但是，剩下的30个人一般都能在竞赛中得到很好的名次。

我以为，这样的现象很正常。一开始，学生对数学竞赛抱着一种激情，投入进来以后，突然发现越学越难，而且学其他功课已经很累了，就想退出。中学的压力比小学一下子增加了很多，所以中学生参加竞赛要认真选择。但是，我觉得，这些学生参加了一段时间的数学竞赛，对他们高中三年的学习，都是非常有帮助的。我不认为他们是逃兵，我也不认为他们退出之后是一种损失。

我有一个学生叫张亦楠，是美国哈佛大学的博士。他写过一篇学习体会，谈他参加数学竞赛的心得。这篇文章叫《数学竞赛的瓜豆比》。文中大意是说，俗语讲，种豆得豆，种瓜得瓜，但是对一个高中生来讲，要想追求学习的高效率，就得追求用比较小的付出获得更大的收获，便是种豆得瓜。他列举了一下他参加数学竞赛的瓜豆比。

他说，付出就是种豆。高中三年，在竞赛方面，他列出了五条付出：

高一的寒假，参加人大附中组织的奥林匹克数学竞赛冬令营，学了一周；

高一的暑假，参加人大附中组织的奥林匹克数学竞赛夏令营，学了两周；

高二的寒假，参加人大附中组织的奥林匹克数学竞赛冬令营，学了一周；

高二的暑假，参加人大附中组织的奥林匹克数学竞赛夏令营，又学了两周；

因为全国高中数学联赛是每年10月中旬的第一个周末，所以他在高三参加全国高中数学联赛之前，又突击了两周。

获得就是瓜，他这五次的付出，得到了什么呢？

第一，对于数学超强的自信，整个高中三年，他一直生活在超强的自信中，很轻松。

第二，数学知识自成体系，大有一种居高临下的感觉。

第三，高三这一年，他基本就没学数学，为其他学科留出了大量的学习时间。

第四，高三这一年，他的数学成绩基本都维持在145分左右，而一个没有参加过数学竞赛的学生，数学要想长时间维持在145分左右，几乎是不可能的。

第五，参加全国高中数学联赛获得了一等奖，所以他被保送到了清华大学。

第六，因为获了奖，所以高三一年，他都保持着好心情，学起来感觉特别有乐趣。

他后来分析，说："你看我付出的时间，都是假期的时间。我不参加数学竞赛，像别的学生一样，也就荒废了，但是我付出了，并没有耽误我正常上课的时间，最后我却获得了那么多。"所以，他建议，"鉴于以上的瓜豆比，建议学有余力的学生，踊跃参加数学竞赛。"也就是说，一些学有余力的学生，高中阶段能够挑战一下自己会更好。

第五，参加竞赛，有什么好处呢？

参加竞赛，除了让自己的思维得到更好的开发，为自己的一生奠定好的基础之外，高中物理竞赛、数学竞赛、化学竞赛、生物竞赛、信息学竞赛，这5个竞赛项目国家组织得非常严谨，只要获得相应名次的学生，国家规定可以直接保送上大学。

另外，现在我国高等教育开始探索基础学科招生改革，部分"双一流"大学开启了强基计划，目的就是选拔培养有志于服务国家重大战略需求且综合素质或基础学科拔尖的学生。参加过这种竞赛并获奖的学生，在强基计划中将具有独特的优势。比如，取得全国决赛的金牌、银牌，可以获得破格入围"双一流"高校的机会。所以，我建议大家多研究研究相关的竞赛政策，如果学有余力的话，还是适度接触一下，可能会更好。

归结起来，要想让学习有高效率，必须要掌握一种科学的学习方法，但是方法没有最好的，只有最适用的。也就是说，适合你的就是好的。最适用的方法靠谁来找呢？靠每一个学习者自己。

一方面，我们要在前进的过程中不断观察我们周边那些优秀的同学，从他们的行为中得到启发；另一方面，根据得到的启发，自己在具体实践中逐步探索最适合自己的方法。只要方法找到了，就能保证你在一种高效的学习状态下进行自主学习，希望每位同学都能找到适合自己的高效的学习方法。

第二篇
每个人都是潜力无限的天才

其实，回头来看，我们这一生能选择的事情特别少。我们没法选择家长，也没法选择学校和老师……心态是我们为数不多自己能够选择的。正如美国著名心理学家威廉·詹姆斯所说，"历史终将证明，我们这一代最伟大的发现是人类可以经由改变态度而改变自己的命运。"

11 / 有好方法更要有好心态

> 所谓成功,就是即使只有百分之一的希望,也要付出百分之百的努力,最后把百分之一的希望变成百分之百的结果。

千万不能输在心态上

我在山东任教期间连续当过 5 年复读班的班主任。1993 年,我带的复读班学生百分之百地考上大学,在山东省轰动一时。因为当时大学没有扩招,山东的高考录取率是很低的,我教的又是一群复读生。

为什么经过一年的努力,他们都能考上大学呢?我认为,这和我对他们的心态调整有关。

第一,我非常理解他们,理解就能产生信任。我适当地给他们鼓励,使他们产生了学习的动力。

我告诉学生们:"你们有些人没有达到心仪大学的录取分数线,有些人考上普通院校都不去读,这不是因为你们能力差,而是因为你们不甘于命运的安排,不愿意在这样的起点上开始平淡的一生。你们想追求更高的起点,这才选择复读。你们比同龄人多了一份顽强,多了一份执着,多了一份追求。单凭这一点，就值得我尊重。"

人的行为是在其思想、心理的支配下进行的。在现实生活中，让我们难过、痛苦的往往不是事情的本身，而是我们对事情的解释和看法。事情本身无所谓好坏，加上了自己的偏好、欲望和评价之后，我们便会产生种种无谓的烦恼与困扰。

正确的观念能引导一个人过上愉快的生活，错误的思想和偏颇的看法则易使人产生烦恼与困扰。正因为如此，世界上才产生了这样两种人：一种用悲观的态度处理问题，凡事都往坏处想；另一种用乐观的态度处理问题，凡事都往好处想。

在前进的道路上，影响最大的莫过于我们选择乐观的态度，还是悲观的态度。这种选择可能给我们带来激励，也有可能阻滞我们前进。

比如，离高考还有两个月，悲观的人就会想："只有两个月了，我还有很多东西不会，一切都来不及了！"他们往往会遭遇高考失利的痛苦。乐观的人会想："还有两个月才高考，我还可以解决很多不会的难题。"然后，他们继续按部就班地学习。他们通常会考出好成绩。

有人说，心态决定成败。我认为，这句话一点也不为过。美国励志成功大师拿破仑·希尔曾说："人与人之间只有很小的差异，但是这种很小的差异造成了巨大的差异。很小的差异就是所具备的心态是积极的还是消极的，巨大的差异就是成功和失败。"不要让你的心态使你成为一个失败者，成功是那些抱有积极心态的人才可能取得的。

从心理学的角度讲，每个人都有被肯定的需要。尤其是青少年，心智发育还未完全成熟，对自己行为的认识还很模糊。在这种情况下，他们做得对的地方，我们就应该多予以肯定，这样才能帮他们树立正确的价值观，也能给他们继续前进的勇气。我的这些学生在前一次高考中遇到了一些挫折，本来心情很沮丧，甚至有些自卑，看到老师以这样的观点来看待他们，顿时有一种遇到知音的感觉。

第二，现身说法。

我自己就曾是一个差生，经过努力考上了大学，这也是我认为差生不差、经过努力就能够一鸣惊人的原因。我告诉他们："我也当过差生，而且是全班倒数十几名的学生，你们的起点比我要高得多。像我这样的差生都能考上大学，你们只要努力，绝对能达到比我更高的境界。"

1978 年，我正上高一。当时高考制度刚恢复不久，报考条件比较宽松。学历不限，因为要照顾知青年龄也放得很宽，于是我的班主任就动员班里成绩排在前 5 名的同学提前参加高考。这 5 名同学喜气洋洋，自然爆发出更大的学习激情，那种感觉就像他们已经考上了大学似的。

他们的这种氛围深深地触动了我，我也动了考大学的念头。于是，我来到班主任的办公室，哆哆嗦嗦地说："老师，我今年能不能也考大学？"班主任听了我的话大吃一惊，就像看外星人一样看着我。

班主任这样看我，其实是我自己的原因，谁让我是排名倒数的学生呢。但我不认为我头脑笨，因为那个时候，上学都不知道为了什么，不像现在，一上学就有考大学的目标。我当时没有目标，学习上就没有追求，年纪轻轻，又不想学习，精力就严重过剩。

中学生的主要任务就是学习，"两耳不闻窗外事，一心只读圣贤书。"一旦不把学习当回事了，就会精力过剩。为了消耗掉过剩的能量，有人会选择打游戏，有人会选择谈情说爱，有人会选择……我上学时没有网游，谈恋爱也不具备条件，就在班里瞎折腾，所以班主任对我有意见。

班主任的眼神使我第一次尝到了被人瞧不起的滋味，我非常难过，好不容易冒出想考大学的积极想法也被打消了。我灰溜溜地离开了办公室。同时，我暗暗做出了一个"庄严"的决定：继续过我的"放浪"生活。可是，有一件事改变了我的一生。

高考日益迫近，班主任就给那 5 名同学开动员会，让他们争分夺秒刻苦学习，顺便把我想考大学这件事当作一个笑话讲给他们听。那5名同学一听我的"狂妄"想法，顿时觉得受到了侮辱，感情上接受不了，回到班里就开始对我"开炮"。

我也是血气方刚，只是想考大学，又没做什么坏事，哪里受得了这样的"大炮"。就像鲁迅先生讲的，"不在沉默中爆发，就在沉默中灭亡"，我顿觉一种从未有过的激情在心中升腾，啪的一拍桌子，站起来指着他们说："大学只允许你们考？为什么我就不能考大学？！今年还不一定谁能考上呢。我本来想放弃这个想法，就凭你们今天的态度，我非要考上大学让你们看一看！"

当着全班同学，大话一说出口，我自己都感到后悔，因为考大学不是喊口号就能喊出来的。可大话已经说出口了，只能硬着头皮撑下去。我这才开始把相关的高考资料拿过来复习。一看，傻眼了，基本都不会！这是我碰到的第一个难题。

那时候高中读两年，我只是高一的学生，还有一年的课程没学，所以我也没着急。可是有一次，我做数学卷子的时候，碰到一道因式分解的题目不会做。印象中这道题我见过，可是不会，难道在高二的教材上？我就把高二的教材借来，翻了个遍，也没有找到因式分解的内容。我就拿着这道题去找数学老师："老师，怎么这道题高一教材上没有，高二教材上也没有，它到底在哪儿呢？"数学老师笑了："这个内容在初一的数学教材上。"

我当时非常尴尬，这才意识到原来考大学不只考高中的内容，也考初中的内容，我竟然都不会。周末回到家，我就把尘封多年的、基本没有看过的书全部翻出来，坐在书堆里边，从初一的数学开始看，越看越兴奋。因为我突然发现，有好多我不会做的题的解题方法原来都在初一的教材上，现在一看我就明白了。我终于找到了一个突破口。

著名数学家华罗庚在分析解决问题的规律时指出，"要学会把一个复杂问题'退'成最简单、最原始的问题,把这个最简单、最原始的问题想通了,想透了",然后再"飞跃上升",问题就迎刃而解了。古人也说:"问渠那得清如许?为有源头活水来。"有学生之所以学习看似很用功,但是成绩始终提高得不快,其中一个非常重要的原因就是他不注意寻找问题的根源。只要抓住问题的根源,就会事半功倍。相反,要是不能从根源上解决问题,可能题目做得越多,你的思维越顽固不化,错误越根深蒂固。

突破口找到了,但一下子面对这么多内容,我该怎么办呢?我记得有人出过一道题目:法国的卢浮宫举行了一个世界名画展,展出的每幅画都价值连城。一场大火突然降临,你只能救出一幅画,请问救哪一幅?最好的答案是:救离门口最近的那一幅。

这道题目告诉我们,当一个学生想学习的时候,他遇到的第一个困难就是各种各样的难题铺天盖地地都来了。怎么办?这是对学生的第一个考验。这种情况下,很多学生因为问题太多胆怯了,仅有的一点儿激情又被浇灭了。**其实,只要从最容易干的那件事干起,立即行动,你就迈出了走向辉煌的第一步。**

当时我的成绩虽然很差,但是一看突破口找到了,我就把初一到高二的各科课本用铁丝串成一摞,然后一摞一摞地看,果然效果显著。

我碰到的第二个难题是学习条件太差。农村中学当时用柴油机发电,到了晚上9点就熄灯了,大家躺在用砖头、干草做成的床上侃大山,直到睡着为止。我准备考大学以后,就舍不得这段睡前的时光了。我要抓紧时间学习,但宿舍里是没法学习的,怎么办呢?农村学校都是平房,下晚自习后,我把教室窗子的插销悄悄地拔开,然后回到宿舍,点完名再悄悄溜回教室,点着煤油灯,一学学到深夜。那种感觉特别充实。在乍暖还寒的季节,教室有窗户没有玻璃,我一个人在教室里学到深夜,浑身冻得僵硬,但心是热的,头脑是热的,所以学得特别投入。

可惜，好景不长。我们校长也在学校住，他责任心很强，每天晚上都在学校巡逻。有一天晚上，他看到我们教室有灯光，就走过来，发现我在那儿学习，就把我赶回了宿舍。因为违反了校纪，第二天早操时间我还在全体师生面前做了检讨。我一看，还得想想其他办法。有那么两三天，我没地方学习，整个人都很烦躁，非常痛苦。

后来，我终于找到了一个地方。那时农村中学都有菜窖，我一想这是个可以利用的好地方，就悄悄地把菜窖改造成简易的书房，每天晚上跑到菜窖里，点上煤油灯学到深夜。那简直是"躲进小楼成一统，管他春夏与秋冬"，人生的最高境界莫过于此了。

不久，我的秘密被同学发现了。有几名同学故意捣乱，把菜窖弄得臭气熏天。但是，我已经没有别的选择，只能忍耐下来。

在这种忘我的学习状态下，我的成绩直线上升。到了期中考试，我竟然成了我们班的第一名。班主任觉得不可思议，就去问同学，结果发现了我学习的秘密。班主任非常感动，写了一篇文章，叫《向王金战学习》，登在板报上。被班主任这样一表扬，我乘胜追击。在当年的高考中，我竟然真的考上了大学，而且是我们班唯一考上大学的人。

我给复读班的同学讲了我的这段经历，给了他们深深的触动，更给了他们克服困难的勇气。

第三，提出明确的要求："我可以允许你成绩落后，但是绝对不能允许你承认自己不行，更不允许你自暴自弃。"

"哀莫大于心死"，心死了，谁也救不了；只要一息尚存，你就有创造奇迹的可能。诺贝尔和平奖获得者、南非前总统曼德拉说："人生可怕的事情，不是你更多地看到自己的不足，而是没有看到自身所具有的巨大潜能。"你自己承认不行，谁也帮不了你。

即使现在成绩倒数第一，只要你能够顽强地战斗下去，最后就一定能成功。所谓成功，就是即使只有百分之一的希望，也要付出百分之百的努力，最后把百分之一的希望变成百分之百的结果。如果一个人做某件事之前，已经有百分之九十九的希望，稍加努力就能变成百分之百的现实，这样的成功还会令人喜悦吗？

我让我的学生感觉到我对他们的期盼，对他们的尊重，对他们某些落魄行为的深恶痛绝。在我的鼓舞下，全班同学铆足了劲儿往前冲，最后取得了全面的成功。

好心态使你终身受益

为什么说在学习上，心态比方法更重要？我们先来看看学习的本质含义，或者说学习的目的到底是什么。人为什么学习？很多人都会不假思索地回答：当然是为了增长知识。其实不然。一个人在成年以后，他在中学乃至大学学习的知识，有相当一部分会忘得光光的。如果被问到一些你上学时曾经牢记的数学公式、物理定律，大多数人可能都回答不上来。那么，我们为什么还要持续不断地学习呢？

我参加高考的经历让我意识到，高考不仅仅是考上大学那么简单。更重要的是，那时短短半年的努力，为我的一生奠定了坚实、自信的基础。在以后的道路上，我也遇到了很多挫折和困难，但是每每想到那半年我竟然克服了那么多的困难，现在这些对我来说又算得了什么呢？

大家如果看我的简历就会知道，我大学毕业以后，被分配到一所乡镇中学。那所乡镇中学由于办学条件太差已经停办，校舍用来做了养鸡场。在那个地方，我工作了两年，之后调到县城一中，再后来调到市里的实验中学、青岛二中，最后调到人大附中……这一路走来，很多熟悉我的人都说我很厉害，想到哪里就能到哪里，想干什么就能干成什么。其实，我没有任何人可以求助，也不需要求助任何人，因为我坚信，我只要想做，就一定能做到。这种自信就源于我当年考大学的那段经历。

2003年，人大附中创办了一所网校（后更名为宽高教育集团，并于2008年5月独立运营）。一年过去了，尽管大家都很努力，可还是出现了亏损。到了2005年，人大附中调整了网校的发展思路，认为既然要把人大附中网校办成一所学校，那么这所学校的负责人也应该由从事教学的人担任，于是就在全校的700多名教职工里挑选合适的人。结果我被选中了。

当时，我非常不情愿，理由有两个：第一，我从教20多年，一直很轻松、很愉快，我不愿意离开这个岗位，离开我那些可爱的学生；第二，我没有任何管理企业的经验，既不懂市场，也不懂经营，让我来接手一家亏损企业，有点儿强人所难。

我很佩服人大附中时任校长的能力，她居然说服我答应了下来。既然决定接管，我马上对校长表态："校长，您挑我来接手，是挑对人了，我保证半年之内扭亏为盈。"

一个从来没有管理过企业的人，为什么就敢口出狂言呢？这当然源于我的自信，还有考大学那半年给我的激情。在我的努力下，人大附中网校不到半年就扭亏为盈了，至今发展良好。

综上，我认为，**学习仅仅是一种手段，大家学习的真正目的是通过学习，练就顽强的心理品质——不达目的决不罢休的坚持性，在困难面前不低头、千方百计克服困难的顽强性，善于冷静而理智地控制自己情绪与行为的自制力。**

一个人如果具备了这样的优良品质，就一定能够成就一番大业；如果没有这样的优秀品质，即使凭着机遇上了大学，在竞争如此激烈的时代，也容易一事无成。学习只是一种手段，我们不能只为了获得知识而学习，为了提高成绩而学习。

我曾担任人大附中2003高12班的班主任，全班49名同学参加高考，结果有37人考入北京大学、清华大学，还有10人被牛津、剑桥、耶鲁等世界一流名校录取，其余同学也都考上了北大、清华之外的重点大学。他们在校三年间，每个人都担任过一次班干部；他们还获得了学校足球联赛冠军、学校运动会总分第一等各种荣誉。这个班的学生学得很轻松，也很快乐。

我举这个例子只是想说明，只要我们充分尊重学生的心理需求及性格特点，只要我们的教育能把提高学生的综合素质放在首位，不仅不会降低教育质量，还会收到意想不到的成效。不去钻研如何挖掘学生的潜能，只是在挤占学生时间上做到极致，是对自身责任的放弃，是对教育事业的亵渎，是对学生的犯罪，是对国家未来的巨大损害。

众所周知，自新中国成立以来，国家一直高度重视教育，特别强调要全面提高学生的综合素质，希望每个学生能够德、智、体、美、劳全面发展。有些家长认为，进行素质教育会分散学生的注意力，影响他们高考的成绩。我认为，素质教育和应试教育并不矛盾。一个学生心理素质过硬，自信心强，社会责任感强，其抵抗挫折的能力必然很强，抗干扰的能力必然很强，这样的学生在高考的时候更容易超水平发挥。

有一年，我的一个学生参加了全国奥林匹克数学竞赛，获得了全国一等奖。他正好在那一年参加高考，于是给自己定下了目标：数学要得满分。高考时，不同的学校交叉编排考场座位，这个学生的后边是另外一所学校的学生。

考数学的时候，这个学生本来底气很足，开始按照他的计划答题。没想到他选择题还没做完，坐他后边的学生就开始翻试卷了，声音很大，整个考场都听得清清楚楚。要是心理素质不过硬的话，在那样的场面下，别的考生很容易就乱了方寸。

后边那个学生一翻卷子，我的这个学生就开始琢磨了："怎么回事？这是哪路神仙？竟然比我做题还快！"他的情绪一受影响，注意力就分散了，好不容易把自己的情绪收拾一下，进入状态了，后边的学生又翻卷子了。这个学生心里一发毛，又不在状态了。

更可怕的事情还在后面。后边那个学生提前半个小时交了卷！此时我的学生还有两道大题没做呢。一看这个状况，他几乎崩溃了："完了，今年这套题肯定不适合我，我前边做得太慢了……"尽管还有半个小时，以他的水平高质量地做完两道大题根本没有问题，可他心一慌，匆匆忙忙去做，思路自然也不清晰。

考完之后，他见到我就哭了，说数学彻底考砸了，并说他后边的学生太厉害了。

听他一说，我也纳闷："这个学生已经是我带的班里数学成绩最厉害的人之一了，还有比他更牛的学生？下午我得看看，坐在他后边的那个人到底是哪路神仙。"于是，下午考试开始前，我就站在考场的门口，等着那个学生。不一会儿，一个男生迎面走来，我的学生告诉我，就是他。

我就问那个学生："你今年报的什么专业？"

"我是体育特长生。"

"你上午数学考得很好吧？"

"数学我根本啥都不懂，选择题我就顺着ABCD胡乱填上，填空题就找比较熟悉的数字填上，然后我就没事儿干了，就拿着卷子玩。到了结束前半个小时，我实在玩不下去了，就提前交了卷。"

一个体育特长生竟然把我班上一个成绩优异的学生吓了个半死，可见学生的心理素质有多重要。由此可见，老师和家长不能只盯着学生的学习成绩，应该适当培养他们良好的心理素质。但是，一些教育专家在呼吁进行素质教育时，强烈批判应试教育，在他们的印象里，素质教育和应试教育是完全对立的。我觉得这是一种无知。

其实，应试教育本身就是素质教育的一个方面，我们应该反对忽视学生的素质，纯粹地去抓应试教育的做法，应该是应试教育与素质教育并重。我的做法就是，寓应试教育于素质教育中，通过学习与应试的过程，全面提升学生多方面的素质与能力。

这么多年来，作为一名老师，我一直是这样强调的：学习本身只是一个过程，其目的不是学知识，而是培养能力。什么叫知识？什么叫能力？当我们学的东西都忘了，剩下的才叫能力。我们在学知识的过程中会经常遇到一些挫折，当熬过了黎明前的黑暗，便能享受到光明，提高了素质，这就是学习。

我希望，每个学生在人生的关键时刻，都能够让自己练就一种顽强的心理素质，一种愈挫愈勇的挑战精神。他们的成功人生将会由此拉开序幕，这才是学习应该带给他们的东西。

学到尽头方知甜

一些学生经常抱怨学习太苦、太烦，高考体制太不人道，甚至有些人用《红楼梦》里的一句诗"一年三百六十日，风刀霜剑严相逼"来描述自己的高中生活。我承认，高中生的课业负担是要大于小学生和初中生的。但是，你有没有想过：不只是你一个人，全国的高中生都在经受这样的"折磨"。既然如此，你又有什么理由唉声叹气？

其实，这是心态的问题。当觉得累、觉得苦的时候，想一想其他人，你也就豁然开朗了，进而觉得学习并没有那么苦了。

而且，如果把这种磨难当作人生发展中一种必然的历练的话，如果把这种磨难当作人生追求幸福中的砥砺的话，如果想一想"吃得苦中苦，方为人上人"的规律的话，你还会觉得那么苦吗？

如果说"一年三百六十日，风刀霜剑严相逼"是一种现实的话，还有一种现实是"自古雄才多磨难，从来纨绔少伟男"。这说明一个人要想成材，必须经历一些磨难，磨难是成功的奠基石。

关于磨难，古人早已看得很透彻，古人告诉我们"宝剑锋从磨砺出，梅花香自苦寒来",还告诉我们"千淘万漉虽辛苦,吹尽狂沙始到金",这些都是亘古不变的道理。

　　从这些道理中,我们应该明白,学习的过程就是一个学到尽头方知甜的过程。据我观察,一个班里真正幸福、快乐的学生,就是那些学习成绩很好的学生,最痛苦的恰好是那些想学习但又学不好的学生。

　　学习成绩好的学生为什么快乐呢?因为他们吃尽了别人无法吃的苦,做到了别人做不到的事,也就得到了学到尽头方知甜的感觉。这种快乐是金钱换不来的,是其他快乐无法取代的,它是人生最高层次的享受和快乐。

　　我经常跟我的学生讲:"如果你现在觉得学习很苦,那恰好说明你没有苦到一定程度;你真的吃到一定程度的苦,剩下的就全是快乐。"

　　我在准备高考时,原先是因为受到同学的侮辱而误入"歧途",但是后来进入学习状态,才发现学习原来是如此令人激动、如此充实、如此快乐的一件事。不学的时候,觉得学习很枯燥,一旦投入学习,反而没有百无聊赖的烦恼,没有得失毁誉的计较,有的只是奋斗带来的乐趣与激情。而且,只要吃尽这一阶段的苦,你就会有快乐的一生。

　　我在沂水一中工作的时候,我三弟就在这所学校上学。那个时候,我家几个年纪稍长的孩子都考上了大学,家庭经济条件有了根本的好转,所以我三弟就变得无所事事,不思进取,学习成绩一直很差。

　　高考前,我对他说:"以你现在的成绩肯定考不上大学,你现在又没有别的出路,你不考大学的话又能做什么呢?"

　　他根本不着急,对我说:"反正我今年也考不上大学,高考之后,我就自己去闯。你不用管我,我肯定不给你增加负担。"

　　我听了有点儿生气:"高中时期是一个人最容易掌控自己命运的时候,因为你是一个学生,只要把学习的事搞好了就成功了。而且,学习能不能搞好,完全控制在你自己的手里。你有这样的机会,都闯不出名堂来，那你离开学校、走向社会之后，又怎么能闯出未来？"

无论我怎么说，他都听不进去，只是说："反正你也别指望我考大学，这是我的选择，我相信我能闯出路来！"

那一年，他真的没考上大学，就出去打工了，在金矿当了一名工人。金矿的条件很艰苦，他干了一年半，想想自己高中毕业，却要和很多没上过学的人干一样的工作，而且前途渺茫，岂不是太亏了？他突然意识到，要重新选择自己的人生道路，复读考大学。

到了春节，我们都回老家过年。由于我对他恨铁不成钢，所以这一年半我一直不理他。尽管我看出他一直想找机会和我说话，还是对他视而不见。后来，在我妈妈的劝说下，我终于不再对他拉长着脸。

他一看有机会，就对我说："大哥，你能不能再给我一次机会，让我回沂水一中去复读？"

我毫不留情地拒绝："你别异想天开了！你高中三年一直在学习，却学成那样，没考上大学。现在你当了一年半的工人，高中三年学的那些东西早就忘了。还有半年就高考了，你才想起来复读，那是不可能的。"

他继续央求："大哥，我现在非常后悔，也非常难过，你能不能给我一次机会，看看我怎么做。"

我们是亲兄弟，我又怎么能不帮他？之所以严词拒绝，是想让他明白机会来之不易，要好好珍惜，同时也让他下定背水一战的决心。否则的话，他意志不坚定，复读也没用。看他如此诚心，我就帮他找了一个高三的班级复读。

没想到我三弟一进入那个班，真的像变了一个人。以前他上学时，教室里基本见不着他，他整天就在外面玩。进入复读班之后，他基本上就是教室、宿舍、食堂三点一线，毫不懈怠。半年之后，他考上了天津师范大学，后来成了一家银行的负责人。

我三弟的例子说明，一个人一旦意识到他应该做的事，就会拼尽全力去做，而结果确实能够改变他的一生。一个学生一旦意识到自己该做的事，就会唤醒自己全部的潜能，最后他不仅能收获成功，更重要的是能收获自信的一生。

12 / 倒数第一也不可怕

> 只要方法得当，每个学生都能成为英才。没有教不好的学生，只有不会教的老师。

很多学生认为自己学习成绩很差，再怎么学也不会有好结果，于是自暴自弃，这是我最痛恨的行为。学习差又怎样？倒数第一又怎样？如果你不幸考了倒数第一，你认为自己前途无望，灰心丧气，那么我可以很负责地告诉你，你真的没什么希望了。

如果你换个角度想，"我这次倒数第一，说明在这个班上我进步的余地最大"，然后奋起直追，那么你很可能一不小心就考了第一名，成为全班进步余地最小的人。结果如何，就在于你用什么样的心态去面对。

不可否认，每个班上都有一些成绩相对落后的学生。这些学生应该如何通过调整心态，让自己走出困境呢？学习成绩差有多种原因，我们必须找出原因，不能一概而论。就像医生治病，要先找出病因，对症下药才有效。

不要让学习障碍毁了孩子

有些家长向我反映,他们的孩子在其他方面都表现得很机灵,就是不好好学习,成绩总也上不去。有些家长干脆责怪自己的孩子学习态度不端正,认为只有通过强制手段,强迫他们好好学习,才能快速地提高他们的学习成绩。其实,家长看到的只是表象,这些孩子真正存在的问题是学习障碍(learning disability)。

"学习障碍"这个概念对很多家长来说都很陌生。他们一听到自己的孩子有学习障碍,就觉得孩子心理有问题,非常紧张。其实,学习障碍的现象比较普遍。比如,有的孩子写作业十分粗心,或者写字多一笔少一画,或者把答案抄错,有时难题可以解出来,简单的计算题却做错了。

这些表现形式很容易引起家长和老师的误解。他们会认为,孩子就是学习态度有问题,是故意的,屡教不改,因此对孩子进行惩罚。然而,惩罚只会使学习障碍严重化,甚至带来厌学等问题。如果孩子真的存在学习障碍,家长就要采取一系列的方法,慢慢培养孩子的注意力,并采用科学的方法辅导孩子学习。

有的家长可能会问:"孩子学的内容,我都不会,怎么辅导他学习啊?"其实,让家长辅导孩子,不是让家长做孩子的家教,而是要帮助孩子正确地学习,掌握正确的学习方法,培养正确的学习心理。

为了更好地辅导孩子,家长需要学会从现实生活中寻找例子。这些例子可以很平凡,但家长一定要从这些例子中提取出跟孩子学习有关的东西,及时刺激、激励孩子,使孩子产生满足感和自信。只要孩子稍有进步和提高,家长就要及时进行表扬鼓励。得到鼓励的孩子,心情会逐渐变好,学习积极性也会不断提高。

我们都知道,爱迪生只上了3个月的小学就被退学了,之后完全靠母亲南希的悉心教导,才成为世界闻名的发明家。南希只是一位普通的母亲,既没有高深的文化背景,又没有什么科学的教育方法和先进的教育理念，但她从不禁锢爱迪生求知的欲望。

爱迪生是个喜欢问问题的孩子，上课不好好听讲，经常给老师捣乱，爱问与学习无关的问题。正因为如此，他才被退学。南希想：既然孩子对教科书的内容不太感兴趣，那我也不要强制他，我要和他一起享受思考的快乐。活的教材遍地都是。

从此以后，南希亲自教导爱迪生，数学、英语、文学……两个人一起学习，一起思考。南希从不拘泥于教科书，而是注意身边发生的事。爱迪生孵鸡蛋的故事大家都知道，据说爱迪生想知道鸡蛋为什么能孵出小鸡来，于是就学着母鸡的样子，把鸡蛋抱在怀里孵蛋，结果孵了两天也没有动静。南希并没有责备儿子胡闹，反而鼓励他自己去找答案。两个人一起探讨着各种各样的知识。南希从不给他答案，而是和他一起翻阅百科全书，和他一起思考，帮助他建立对科学的好奇心。有这样的好奇心，孩子就会不断学下去。

类似的故事还有很多。可以说，没有南希，就不会有爱迪生这位伟大的发明家。如果南希也像一些家长那样，看到孩子不认真上课就打骂他，那么一个天才就会被扼杀在摇篮里了。

家庭纠纷是学习的绊脚石

对每个人来说，家都是具有重要意义的地方。家能给孩子提供什么，决定了孩子的一生。美好的家庭和糟糕的家庭有什么不同呢？有人说，美好的家庭是暴风雨里的避风港，糟糕的家庭是避风港中的暴风雨。在避风港和暴风雨里成长的孩子，在学习上的表现是极为不同的。有的孩子学习成绩差，就是因为家庭给了他们太多的伤害。

我到北京工作以后，就遇到这么一件事。我曾经在青岛工作4年，也认识了一些朋友。其中，一个朋友做房地产生意发了财，经济上比较宽裕，生活上却很糟糕。夫妻俩天天吵架。这个朋友平时应酬也比较多，经常喝得醉醺醺的，回家以后，不是跟老婆发火，就是跟孩子发火。这可把他的孩子害苦了。

孩子在这样的家庭氛围下，心态出现了严重的变化。他本来学习成绩很好，还考上了一所重点中学。可是父母经常吵架，使得孩子相当烦恼，往往放学后就不愿意回家……结果，孩子打游戏成了瘾，学习也越来越跟不上了。

后来，孩子就跟家长提出来："反正高中我是不上了，你们要是想让我将来有点儿出息，那就帮我转到职业中专去。我去学计算机，将来自己打工，反正我也不靠你们。"

家长一看孩子的态度很坚决，确实也挽回不了，没办法，就把他从重点高中转到了一所职业中专。

然而，这所职业中专根本没有学习的氛围，孩子更没有学习的动力了。他又不能回家，因为家庭缺少温暖。于是，孩子一开始还按时上课，后来背着书包离开家门也不到学校去了，就按学校的作息时间，按时出门，按时回家。家长也不知道他到底干什么去了。直到他连续旷课1个月，学校找到家长，家长才意识到问题的严重性，但是事态已无法挽回了。孩子的妈妈由于伤心失望，一气之下离家去北京工作了。

有一天，几个在北京工作的山东朋友聚会，我也参加了。恰好孩子的妈妈也受到了邀请。她一听说我是人大附中的数学老师，就开始注意我了。后来，我们谈起孩子的教育问题，她就难过得哭起来。我一看，忙问她到底是怎么回事。

她向我诉说了一些情况，并说："王老师，我的孩子还在青岛，他现在要么是在家里正挨他爸爸的训，要么就在打游戏混日子，我该怎么办啊？"看到她对孩子这么牵挂，我就建议她干脆把孩子带到北京来。

第二天，她就把孩子接到北京来了。我领着孩子先到北京大学，并找了我在北京大学上学的一些学生，安排他们带他参观北京大学，让他感受一下北京大学的氛围。没想到在北京大学转了半天,他竟然无动于衷。

大家一起吃晚饭的时候,这个孩子就摆出一副死猪不怕开水烫的样子来:"王老师,我非常理解您的用意。北京大学也很好,但是那不属于我。如果想让我上高中,绝对不可能了。我爸爸不是有钱吗?他们不是吵架吗?我就让他们吵,我看看他将来怎么对待我。我就这样了,您也别挽救我,我是无药可救的。"

他这个样子反而激起了我的好胜心。我这个人也比较较真儿,只要是到我手里的学生,无论多难,我一定帮他转变过来。所以,我心中暗暗地较劲儿,非得改变他不可。

一看他是这样的态度,我赶紧"曲线救国",换了个问题:"你不想上高中了,那是不是意味着,假如我们今天不谈高中的事,别的都可以谈?"

他说是。

我问:"你还想上那个职业中专吗?"

"不想上了。我现在才知道,那所职业中专根本就不是适合我学习的地方。在那儿也没人管我,我也学不进去。"

"那你想干什么呢?"

"我现在就想过流浪的生活,让我爸爸的钱能够有用武之地。"

孩子这种破罐子破摔的态度让我心痛。我想了想问他:"如果现在能上大学的话,你是不是就能改变你的这种生活态度?"

他眼睛一亮。这一整天,他的眼睛第一次亮了一下。

他说:"老师,我向您保证,只要您现在能帮助我上大学,我肯定立即改变态度。"

我就抓住这个机会,说:"好,我现在就做这件事。"

我并不是说大话。我国有很多教学质量不错的民办大学,大多数入学时也不需要参加高考。我给他选了一所学校,让他到那里学当时非常热门的法律专业。

那时候已经快放暑假了，当天下午我就跟他的妈妈去学校咨询相关情况，正好那边还在招插班生，可以接收他。我就给他报了名。

当时离9月15日开学还有两个多月的时间，我就对这个孩子说："为了在大学能够跟得上，你从现在开始，把高中课程全部学习一遍，我找老师给你辅导一下，你能不能配合？"

这个孩子重新燃起了求学的希望，全程配合，两个多月的时间，把高中课程全学了一遍。9月15日开学以后，他完全变了一个人。他的妈妈跟我说："认识你以后，我找回了自己的儿子。"

这个孩子因为将高中课程全部学了一遍，对知识进行了查漏补缺，再加上学习态度特别好，所以在大学学得特别开心。

我又找机会告诉他："你读的是一所民办大学，在找工作的时候，可能会遇到一些困难。4年之后，我还要帮你考研。我把中国政法大学的教授请来，请他们给你介绍一下，要考他们学校的研究生的话，你应该学哪些课程。这4年之内，别的课程保证及格，重点突破研究生考试的课程。你本科毕业以后，就可以直接考中国政法大学的研究生。这样一来，你的初始学历就成了研究生，也不会被'起点低'这些言论困扰了。"

他一听非常愿意。于是，我请了中国政法大学的几位教授给他进行了一些提前的辅导，引导着他前进，并且安排他周末到宽高教育集团学英语。结果，这个孩子在教授们的引导和我的鼓励下，完全投入到学习中，本科毕业之后，如愿考上了中国政法大学的研究生。

他的成功我不敢居功，因为他是一个底子比较好的学生。要不是家庭原因，按照他原来的预期，他一定能考上一所理想的大学。可他的家庭差点儿毁了他，这是事实。如果没有遇到我，他恐怕一直会在家庭的水深火热中备受煎熬。在现实生活中，他这样的经历并非个例。他们本来是很有潜力的学生，却在家庭的暴力下一事无成。

学校不应该成为"差生工厂"

学校是学生生活的主要场所之一，是仅次于家的地方。学校的环境如何，对学生的影响非常大。如果学校或老师做了一些伤害学生的事情，就会在很大程度上影响他们的学习积极性。我从事教育工作40多年，深知学校有些做法或规定会引起学生很大的不满，特别是学校在处理一些学生的问题时，经常会做出令学生反感的事。要知道，学校是教书育人的地方，不是压迫学生的场所。

我曾遇到过这样的一个学生，他人高马大，毛病很多，在上课时常常说话聊天，破坏班级纪律。可是，这个班的学生就要参加高考了，他老是在班里折腾，引起了其他学生的不满。深受影响的学生回家之后就对家长说："我们班里有个同学，简直就是害群之马，搞得我学不进去。因为他的捣乱，老师上课情绪也受影响。"于是，这些学生的家长联名给校长写了一封信，要求让那个学生离开班级。

收到家长的联名信以后，学校并没有轻举妄动，以免造成"冤假错案"。后来那个学生又在班里捣乱，被校领导抓个正着。结果，他只能离校反省，在家学习了。当时，离高考还有不到两个月的时间。那个学生在学校时都不好好学习，回到家以后怎么可能乖乖学习呢？

他的父母很着急，看到自己孩子的状态，就拼命地做校领导的工作。校领导经过研究，决定再给他一次机会，但也明确强调，打扰同学学习是不正确的行为，他回到班级后再出现类似的事情就要立即离校。

俗话说，江山易改，本性难移。那个学生回到学校以后，没过几天就故态复萌。学校方面对他彻底地失望了，坚决要求他离校。那个学生回家以后，干脆破罐子破摔，天天赖在床上，无论家长怎么说，怎么哄就是不学习。

转眼到了报志愿的时候（当时是考前报志愿），家长征求他的意见，他就说："反正我今年也考不上，而且我以后也不想考大学了，你们愿意给我报什么就报什么吧。"孩子的态度让家长感到绝望。对一个学生来说，报志愿是人生非常重要的一次选择。面临这么重要的选择，他都可以无所谓，说明他的心已经死了。如果再不救他，恐怕他这辈子就完了。于是，他的父母就想方设法找一些专业老师，帮助他走出困境。

不知是谁又把我"出卖"了，说我能解决这个问题，好像我是解决这方面问题的专业人士。学生的家长并不认识我，但是他们打听到我在人大附中工作，就去那里找我。

碰巧那天晚上，我在学校加班到夜里11点多，家长就带着孩子一直等在学校门口。我刚走出校门，他们就拦住我，急切地问："您是王金战老师吗？"我说："是，你们有什么事？"

学生的妈妈说："王老师，我可找到您了，求求您帮帮我的孩子。"她一边哭，一边把自家孩子的情况说了一遍。她那绝望的眼神让我感到我要是不帮她，就违背了我的职业道德。于是，我把他们请进我的办公室，对那个学生说："你今天'有冤诉冤，有苦诉苦'，把你心中所有的'冤屈'都一吐为快，我相信我能帮你。"

可能那个学生太久没有和别人交流过，于是竹筒倒豆子，把他的情况和盘托出。他说："我不好好学习，是因为我对我们学校特别有意见。老师动不动就给家长打电话，动不动就把我的父母叫到学校来。我的父母都是事业很成功的人，来到学校以后，低声下气地挨批评，一点儿尊严都没有。老师把我说得一无是处，让我的父母特别没有面子。再有，我对校长特别有意见，我又没犯什么大错，凭什么把我赶回家？我就想以我的实际行动向学校表示抗议。"

明白事情原委以后，我基本上就了解事情的症结在哪里，也知道如何对症下药了。我知道，这时候要是不顺着他的意思说，我再说什么，他都听不进去。于是，我说："你的老师做事确实欠考虑，校长也有一定的责任。"

在这里，我必须说明一下：我不是毫无主见地陪着学生发牢骚，讨学生的欢心，而是那个学生当时最需要的是有人能倾听他的话，我就充当了倾听者的角色。无论老师，还是家长，当孩子需要倾诉的时候，一定要当好这一角色，不要去鉴别他说话的对错。他由于年纪小，看问题难免片面，甚至偏激，但无论如何，我们都不要反驳他，让他把满腹的委屈一吐为快。这样，他就轻松了，也比较容易听得进别人的话。这时，我们再适度地加以引导，就会把他引回到正确的道路上。

就像一只水桶装满了污水，不把污水倒出来，是无法再装进清水的。这些"问题孩子"大多缺少知音，他们听到的都是老师的批评、同学的反感、家长的指责，很少有人能把他们当朋友对待，去理解他们，站在他们的角度去体谅他们。

当我非常认真地听那个学生讲话的时候，他非常感动。更令他意外的是，我竟然陪着他一起批评老师和校长。那个学生看到我竟然非常理解他，就更想把内心的痛苦向我倾诉了。

其实，那个学生的问题很简单，就是他对学校不满，对校长不满，对老师不满，于是就想通过自己的行为来发泄自己的不满。甚至到最后，他想通过自暴自弃的方式来抗议学校对他施加的、他自以为不公平的待遇。

等他说完了，我就跟他说："要想让别人瞧得起你，你首先得看得起自己。命运是掌握在你自己手里的。现在老师瞧不起你，以为你是一个很颓废的人，所以让你离校反省，居家学习。你正好可以利用这段时间偷偷摸摸地学，一直学到高考。现在离高考还有20多天，如果你按照我的要求，一直学到高考的话，我相信凭你的能力，达到重点大学录取分数线是完全可能的。如果你能够利用这20多天，不顾一切地投入学习，到高考的时候，让那些瞧不起你的人去后悔吧，让那些看不起你的人去吃惊吧，这才是一种积极做人的态度。更何况，你是个大老爷们儿，就应该有这样的骨气。现在你只知道生别人的气，不就等于拿别人的缺点来折磨你自己吗？我们又没法儿改变别人，如果你一直这样下去，不觉得自己这一辈子活得太窝囊吗？别人越是瞧不起你，你就越得活出个样儿来，让他们看一看。"

看到他没有说话，我接着说："通过你刚才的谈吐，我觉得你有这个能力，我高考前给学生面对面辅导两个小时，正常情况能提高20分。你现在离重点大学录取分数线估计还差50分左右，20多天的时间，你自己提高30分左右。要是你真的好好表现，我答应高考之前再给你辅导一次，再提高20分。这样一来，你今年就能读重点大学了。"

他已经被我说动了。他问我："老师，您真的能给我辅导两个小时？"

我说："前提条件是你必须全力以赴，按照我的要求做。这样的话，我肯定给你辅导。"

得到我的承诺后，他自信地回家了。由于整个人很兴奋，之前还连续躺在床上20多天、身体都快散架的他硬是没有坐电梯，从1楼走上了自家所在的9楼。

从那个时候起，他开始锻炼身体，以一种积极的态度生活，跟之前比就像变了一个人。他的情况和别的同学不一样，要是在学校里，毫无针对性的学习，反而效果很差。现在他在家自习，可以根据自己的情况进行有针对性的学习，查漏补缺，勤能补拙，效果很好。

我认为，到了高考之前，每个学生都得进行有针对性的学习。人大附中就提前半个月放假，让学生回家自己复习。我的孩子在高考前1个月，基本上就以自己复习为主了。我在青岛二中当教导主任期间，山东省学生的学习压力非常大，各个学校都恨不得高考完了还把学生留下继续辅导。在那样的氛围下，我坚持提前一周把学生放回家去，效果很好。

为什么呢？马上参加高考了，虽然同在一个班，但同学之间差距是很大的，有些人的目标是北京大学、清华大学，有些人的目标是普通院校。如果老师还把学生聚在一起泛泛地讲课，对大部分人是没有效果的。所以，在高考之前的关键时刻，应该给学生一段自由安排的时间，让他们在自己比较欠缺的地方重点突破。

我比较赞同高考之前把时间还给学生，而不是被老师占用。那个学生正好回家了，他要是表现很好，申请回家学习的话，可能还不会被批准呢。这就是"塞翁失马，焉知非福"吧。

那个学生在家里利用手中的资料，按照我教他的一些方法自学，最后高考竟然考了 520 多分，而北京当年的重点线是 490 分左右。不过，因为他之前一直闹情绪，他妈妈协助他报志愿时，看他的状态，认为他考上重点大学是不可能的事，于是就拣了个录取分最低的重点大学填上，作为第一志愿。没想到他竟然考到全班的第 8 名，家长又惊又喜，又有点儿后悔。

从这个案例，我们可以看出，一个学生的心态转变后，在这么短的时间，就能出现一个令人意想不到的结果。我觉得，在教育学生的问题上，其实就是四个字——心态+方法，在起作用。很多孩子成材其实很容易，关键是家长不知道该怎么做。很多孩子其实应该走得更远，但由于身边的人采用了一种不恰当的办法，打击了孩子的自尊心，挫伤了孩子的积极性，才使得孩子自暴自弃。

让一个差生变好真的很简单

我研究教育多年，发现了一个问题，就是差生是怎么产生的。**当一个学生反复遭遇失败的打击，他就变成了差生。没有一个学生生下来就注定是个差生。所以，让一个差生变好真的很简单。**

我刚参加工作的时候，不敢说这句话，但是我现在敢说了，因为我多年的经历已经证明了这件事情。让一个差生变好真的很简单，具体该怎么做呢？就是反其道而行之。差生是反复遭遇失败的打击后才产生的，让一个差生变好，就是让他反复享受到成功的喜悦。

多年来，我就是用这样的方法和理念，帮助一个个学生走出困境，走向成功。我深深体会到，作为老师，作为家长，要学会欣赏孩子。特别是那些"问题孩子"，更需要老师、家长拿着放大镜去寻找他们的优点。因为越是问题比较多的孩子，在老师、家长的眼里越是一无是处，得到的都是别人对他的批评、指责。

但是，需要注意的是，优点不要乱找，必须是他本身就具有的优点。"好孩子是夸出来的"，我经常在全国各地传播这个观点。很多家长觉得我说得有道理，以前他们只会批评孩子，听了我的建议后，回去开始夸自己的孩子。这一夸把孩子夸得更难受了："孩子，你太聪明了""孩子，你真棒""孩子，你一定能行"……全是这样空洞、缺乏力度的表扬，弄得孩子浑身都起鸡皮疙瘩。老师、家长应该带着放大镜去寻找学生的优点，但前提是找到的确实是学生的优点。

有一年，人大附中已经举行过期末考试，快要放寒假了，一个学生被他爸爸带到了我的办公室。因为他期末考试成绩很不理想，他爸爸想让我帮帮他。那个学生到了我的办公室，低着头都不敢看我。

我问他："你这回期末考试考得怎么样？"

他用一种胆怯的眼神看着我，哆哆嗦嗦的。他还没说话呢，他爸爸就回了一句："简直是一塌糊涂！"这名家长一边说，一边狠狠地捶了几下沙发。

我看着学生家长那怒发冲冠的样子，突然想起了一句话："问题孩子出自问题家庭。"这名家长在我面前都压抑不住自己的情绪，我不在的话，可以想象他对孩子会多么"残酷"。怪不得他的孩子那么唯唯诺诺，一点阳刚之气都没有，完全是被他这种盛气凌人的态度"摧残"了。

我一看，要是家长这样的话，我就没法跟学生对话了，只好把家长请出去，好单独和学生聊一会儿。

等家长走了，我又问那个学生："这回期末考试考得怎么样？"

男孩说："王老师，我这回期末考试和期中考试相比，在班里提高了两个名次。"

我一听，眼睛一亮，对他说："孩子，你太厉害了，你太不容易了！人大附中每个学生的实力都是很强的，你在不到两个月的时间里，竟然在班里提高两个名次，太不简单了。你还有一年半的时间（那个学生读高二）。如果你咬紧牙关，每次按这样的幅度提高的话，到高考的时候，就不是能不能考上大学的问题，甚至都有考上北京大学、清华大学的'危险'，就看你敢不敢挑战自己。"

我这样说，是放大了学生的优点。他提高了两个名次确实是一个优点，不过我放大了他的优点，缩小了他的缺点，并给他描绘了一个美好的前景。

看着他有些心动，我再接再厉："今年寒假，当别的学生都在轻轻松松过假期的时候，你想不想偷偷地学一个假期，到开学之后再前进两个名次？你想的话，我就告诉你怎么做。"

他当然想了。于是，我帮他制订了具体的学习计划，告诉他整个寒假应该怎么劳逸结合，应该怎么把握住节奏，应该怎么增强学习的针对性……男孩信心百倍地离开了我的办公室。

我又把他的家长叫来："好孩子是夸出来的，你的孩子在班里排名倒数，你知道为什么吗？就是因为，你的孩子接受更多的是批评和失败的打击。"

家长说："我看孩子成绩上不来，就又急又气。"

我说："从1楼到2楼，没有台阶谁都迈不上去，但有了合理的铺垫，谁都能上得去。我在人大附中同时教重点班和普通班。我在重点班讲的数学题，拿到普通班讲，学生照样能听得懂，什么原因呢？我在重点班讲这道题，可能做3步铺垫，学生就能听明白了；但我在普通班讲，做5

步铺垫，学生也能听明白。由此可见，学习成绩好并不是某些人的专利，而是每个学生都能做到的。我们老师和家长最应该做的事，不是逼着学生从1楼到2楼，而是引导学生，给他一个合理的铺垫，让他从1楼比较自信、比较踏实地上到2楼。你的孩子现在处在成绩倒数的状态，你当然希望他的成绩一下子提上来，但这是不可能的。我们经常见到一个人可以一夜暴富，但是什么时候见过一个人在短时间内能够成为有学问的人？做学问本来就是一个厚积薄发的过程，绝对不是通过一时的突击就能做到的。你身为家长不考虑孩子现在的基础，盲目地想让孩子提高，请问你的孩子到底考到多少名，才能在你这儿得到一点儿表扬呢？"

家长被我说得没了脾气，老实地承认："王老师，我还真没有标准。"

你看，这名家长糊涂吧？他自己没有目标，孩子无论考成什么样，在他这儿得到的总是批评和谴责，这样的家长能够培养出健康阳光的孩子吗？孩子在这样的家长的教育下，能有成就感吗？成功了也是一种失败，成功了也得受谴责，所以他的孩子就逐渐自暴自弃，无所追求了。

我对家长说："今后，你要改变你的心态，密切关注孩子的每一点进步。哪怕提高一个名次，你都应该给予鼓励，给予表扬。这样，你的孩子才会逐步提高。"

在我们沟通的过程中，这名家长也有所感悟，还当着我的面向孩子道了歉。那个学生在我的引导下，一直按照我帮他制订的计划学习。再加上家庭氛围的缓和，他的心态也变得健康了。结果，开学以后的第一次考试，他在班里提高了3个名次。他视其为一次非常大的成功。家长给予了表扬，我也给予了鼓励，他的自信心一下子被激发了，内在的潜能被挖掘出来。以后，他越学越开心。一年半后，他参加了高考，最终考入北京大学。

他爸爸对我千恩万谢，说那一次的谈话，不仅改变了孩子的一生，也给他们的家庭带来了很大的转机。原先家里老是充满了对孩子的批评，现在完全改变了。孩子在这种和谐的氛围下，获得了心理安慰，学习效率越来越高。

从这个学生的成长经历中，我们应该可以看到，转变一个差生是多么容易，只要给他鼓励，不断夸奖他，欣赏他，他就能得到很大的提升。

一个人的潜能是巨大的，但是如果他不能很好地调整好自己的心态，他的潜能就无法得到充分挖掘，他也会在人生的关键时刻频频错失良机。只要有一个合适的引导，他找到了人生的转机，就可以赢得一生。这就是选择心态的重要性。

每个学生都有成材的潜能。差生的出现不是学生无能，而是老师没有找到开启这座能源宝库的钥匙。从这个意义上来讲，只要方法得当，每个学生都能成为英才。没有教不好的学生，只有不会教的家长，只有不会教的老师。

13 / 起伏不定的成绩"K线"

> 成长的过程跌宕起伏,有高峰,有低谷。一时一地的失利,有助于孩子发现问题,更快进步。先有小挫折,才不会栽大跟头。

学习不会总是一帆风顺,起伏不定才是常态,没有人总考第一。成绩下降并不可怕,可怕的是当成绩下降时,你没有勇气再把它提上去。

成绩起伏是正常现象

我们追求的是一个完美的结果,而非一个完美的过程。正是因为过程的跌宕起伏,才有可能造就一个完美的结果。学习的过程本身就是一个丰富人生的过程。成也高兴,败也高兴,成有成的快乐,败有败的回味。偶尔有一次失败,本来是非常正常的事情。但是,很多学生,很多家长,总是败不起,似乎学习成绩必须是直线上升的。

我从事教育工作多年,教过的所有学生,其成绩基本上都会有一个起伏的过程。即便是一个认真学习的学生,成绩也不会一直上升。当然,也没有哪个高中三年的成绩是直线下滑的。所有学生的成绩都处在波动中。

作为家长，不要一看到自己的孩子成绩波动，就对他大加非议，给他施加压力，似乎孩子成绩有波动是一件大逆不道的事。请家长仔细想一想：这样对孩子公平吗？

我在人大附中工作期间，我的孩子正好也在那里读高中。记得那时已经放了寒假，我上高三的孩子拿着考了108分的数学卷子回家了。她悲悲切切地跟我说："老爸，您得做好思想准备。"

我看到她的样子，已经预感到了什么。为了不给她带来压力，我故作轻松地问："怎么了？"

她绝望地回答："我这次数学没考好……"

"考了多少分？"

她看着我："您真想知道？"

我点点头："我向你保证：我今天肯定不跳楼！"

这就是我跟我的孩子的一种对话方式，完全以朋友般的心态、语气来交流。

她就把卷子递给了我，"108"这个数字鲜红而刺眼。应该说，此时更绝望的是我。因为我的孩子要考北京大学，数学只考了108分，这意味着她是不可能考上北京大学的。这相当于提前"判了死刑"啊！但是，在孩子面前，我不能表现出来。面对让我绝望的分数，我尽管内心在滴血，脸上还保持着微笑。她考得差本来就很难受了，如果我再拉长着脸，就如同往她的伤口上撒盐。作为深爱她的爸爸，我不能这么做。

我还是笑着问她："假如这次正常发挥的话，你能考多少分呢？"

她居然很自信地说："我正常发挥的话，能考130分左右。"

我一听："太好了，祝贺你，这次竟然考得这么好！"

我的孩子一愣，问我："老爸，您是不是病了？我正常情况能考130分，结果只考了108分，您看把您高兴成这个样，还'太好了'？"

我耐心地跟她解释:"我问你,假如你这次考140分的话,你是不是挺高兴的? 140分近乎完美,把你的问题掩盖了,你会以为你数学已经学得很好了。现在寒假到了,你整个寒假不会再想着学数学的。开学之后,第一次数学考试,你肯定要败下阵来。既然这次的成功注定下次的失败,你说这次成功又有什么意义呢? 这次只考了108分,你肯定想着数学都考成这样了,再不学数学,还有什么出路? 你看积极性来了。另外,正常考130分,结果考了108分,这22分是怎么丢的,它明明白白地写在你的试卷上。你把你的试卷好好分析分析,看看这22分到底是因为基本概念、基本方法,还是因为基本技能出了问题。然后,你整个寒假就针对这22分的失分暴露的问题,彻底地投入学习。开学之后第一次考试,你肯定能考好。这次的失败注定下次的成功,难道这次失败不好吗?"我的孩子一听,觉得有道理,于是她整个寒假就投入地学起数学来。

当然,这中间还有些插曲。我的孩子接受了我的观点,情绪就平和了。当天,我到新疆出差,就带着她的卷子上了飞机。一路上,我认真地研究这张卷子,想知道她到底是哪儿出了问题。

回来之后,我根据她的卷子暴露的问题,又出了一些题目让她答。结果,她哪道题目都答不上来。她不解地问我:"老爸,您跑到我心里去了吗? 我怎么什么不会,您就问我什么问题呢?"我告诉她,我在飞机上一直仔细研究她的卷子。我的孩子非常感动,说:"老爸,您不用为我这么费心费力,我今年寒假肯定要把数学学好!"就这样,她认真地学了一个寒假的数学。开学以后的第一次数学测试,她果然考进了班级的前10名。

考试中的失分就是一种无声的警告。善于抓住这些反馈信息,及时进行调整,才能在重大考试中发挥平稳,所向披靡。如果不注意这些反馈信息,即使这次考试侥幸成功了,下次考试也必然大败而归。

学习的起伏在所难免，正因为过程的跌宕起伏，才让我们发现问题，让我们学会承受挫折，让我们学会清醒地分析自己的问题。当一个人擦干眼泪，重新站起来的时候，他就是一个巨人。如果成绩过于稳定，很可能会掩盖学生本来就存在的问题，反而会给学生带来一些隐患。

有一年，我带的复读班招收了一个学生，她离清华大学的录取分数线只差 2 分。这个学生在高三时 3 次重要的模拟考试都考了全班第 4 名，报志愿的时候就只报了清华大学一个志愿。遗憾的是，她所在的班有 10 多名同学考上北京大学、清华大学，她却以 2 分之差落榜了。

后来，她听说我所在的学校要招复读班，就和家长一起去办公室拜访我。他们全家人都觉得十分困惑，想向我咨询一下她落榜的原因。我告诉她："这事儿很简单，就是因为你 3 次模拟考试都是第 4 名，才注定了你要落榜。如果有一次成绩是波动的，你百分之百能够考上清华大学。我当老师这么多年，知道成绩这么平稳的学生是非常不正常的，因为所有学生的成绩都应该有波动。你每次都考第 4 名，就会以为自己的水平就是如此。其实，好多问题已经被掩盖了，只是你没有发现。到了高考的时候，问题暴露了，所以就有今天的结果。"

只有不怕失败的人，才能取得最后的成功。这个女孩 3 次考试成绩都这么稳定，非常可能最后要出大问题。我觉得她的家长、老师应该事先有所察觉，应该给孩子及时的提醒。结果没有，孩子以为"我就是第 4 名了，我就算边玩边学，也能考得上清华大学"，最后 1 个月竟然放松了。其实，最后 1 个月是决定性的 1 个月，她竟然带着功成名就的感觉，不学习了，那最后能不败下阵来吗？

怕输的结果是常输

从辩证的角度来讲，赢不一定是好事，输不一定是坏事。无论输还是赢，都应该有合理的心态，做到胜不骄，败不馁。学习上没有常胜将军，只有及时调控自己，争取多打胜仗。在学习过程中，从不忽略每个看似细小却有可能产生重大后果的问题，并且锲而不舍地加以解决，才能取得关键性的胜利。如果因为怕输而背上思想包袱，那结果就只有一个——必输无疑。

前不久，我遇到了一个初三的学生，这个学生初一的时候在班里考了第1名。这本来是件好事，可是她却背上了一个想赢怕输的包袱。她第2次考试在班里考了第5名，就觉得丢人，觉得遭受了巨大的打击。家长也没有正确对待这件事。从此，这个女孩心里就蒙上了一层阴影，每次考试都想考第一。

背上这么沉重的包袱，她又怎么可能考得好呢？她考试的时候，每次都想考好，每次都退步。越是退步，她的心理包袱越重。最后，她不堪重负，严重影响到了生理健康。每一次开学，她就一脸的青春痘；一放假，青春痘就没了。这是让学习逼得不仅心理失调，内分泌也紊乱了。

她见到我的时候，已经在班里排第30名，而且还有1个月就要期末考试了。她的家长找到我，请我一定要帮帮孩子。我一看，女孩人长得很漂亮，但是满脸青春痘，还带着一种淡淡的哀愁。

我问她这次考了多少名。

她低着头，声细若蚊："我考了第30名。"

我又问："你的问题出在哪儿？"

她想了想，回答道："老师，您都不知道，我初一的时候考了第1名，可是我每考一次试就后退一次，看到父母对我那么好，我很内疚，觉得对不起我的父母。到现在，我已经掉到了第30名，都不知道该怎么学了，也没脸面对我的父母。"

我问她："你觉得你在班里应该是什么水平？"

"老师，我觉得我在班里至少是前5名的水平吧。"

"你有没有想到过你是第30名的水平？"

她说她从来不相信自己那么差。

我又问:"这次这个第 30 名是谁考的?难道是别人替你考的?"

她说是自己考的。

"既然是你自己考的,你为什么不承认这就是你的水平呢?"

她坚持说:"因为我不会差到那个程度。"

我笑了笑,说:"这就是你的问题所在。首先,你必须面对这个事实,第 30 名是你自己考的。即使这是一个比较差的成绩,它也是你考的。你明明考了第 30 名,竟然不承认自己是排在第 30 名的学生。你们班第 28 名是谁?你分析一下那位同学哪一门功课比你好。"

她就在那儿念叨:"他的数学不如我,他的英语也不如我,他的语文那更不如我了……"最后的结果是,那个考第 28 名的学生哪一门都不如她。

我就笑了:"你想想,一个哪一门都不如你的学生,竟然在考试的时候比你考得好,你难道没有问题吗?今天把你的问题找对了,你的学习问题就解决了。"

她又想了想,说:"老师,我找到了。我的问题可能就是,我每次考试都想考好,结果每次都高度紧张。"

我说:"很正确。你考过第 1 名,这充分说明你的潜能、智商有多么突出。现在之所以考了第 30 名,不是因为你的智商出了问题,不是因为你的能力出了问题,而是因为你的心态出了问题。你只要把自己的心态调整好,在哪儿摔倒了,就在哪儿爬起来。解决了心态问题,学习就完全没问题。还有 1 个月就要期末考试了。这次期末考试,我给你定个目标,你超过那个考第 28 名的同学,行不行?只要能超过第 28 名的同学,你就取得了一次巨大的成功。"

她信心满满地说:"老师,我超过他,那太容易了!"

我趁热打铁:"好,你别想别的目标,就超过他,行吧?"

她点点头。

1个月之后，学校举行了期末考试，她真的考到了班级第 27 名。

她知道成绩以后，立即给我打电话，兴奋地说："王老师，我这次完成您交办的任务了。我竟然考了第 27 名，我太高兴了！"

如果不是我帮她调整了目标，就算这次考了第 27 名，她依然会以为自己是失败的。因为她的印象中，她就是前 5 名的学生，只要考不进前 5 名，就是失败的。这样一来，她永远享受不到成功的喜悦。我帮她降低了目标，她考到第 27 名，就兴奋异常。

她又问我："王老师，您说我下一次的目标是什么呢？"

我说："你下一次再在你们班超过两个名次，就是一次莫大的提高。"

她有点不满足地问我："老师，我想提高 5 个名次，行不行？"

我说："你能提高 5 个名次，那更好了。但是，不要那么快，我觉得你能提高两个名次就够了。"

后来，她高兴地告诉我，她已经考进前 20 名了。

我告诉她："你下一次如果再提高两个名次，今年你们班的第一都有可能是你。但不要对自己要求太高，提高两个名次就行。"

在对待这个学生的问题上，我采取的是以退为进的策略。因为这个学生是一个很要强的人，也是一个内心感情很复杂、很细腻的女孩，所以她在第一次考了第一以后，心理压力越来越大，以致在之后的考试中频频发挥失常。而在考试中频频发挥失常又严重打击了她的自信心。这时，如果我们能设法帮她从失利的阴影中解脱出来，她就能逐渐发挥出自己的正常水平，获得一种成就感。当看到自身的潜能，她也就能重新树立信心了。

但是，如果我一开始就要求她考进前 10 名，她根本做不到，就更加没信心了。千里之行，始于足下，让她一步一步来，积跬步而行千里。她取得了小的胜利，尝到了胜利的甜头，就激起了她取得更大胜利的动力。

　　这样做，看似选择了妥协，但实际上退是为了更好地进。有所得必有所失，有所失必有所得。就像老子说的，"祸兮，福之所倚；福兮，祸之所伏。"很多事情到底是福是祸，谁又能分得清呢？关键是，抓住问题善于辨析，要从消极因素里头找积极的苗头，从积极趋势中预防消极因素，这样就能够更好地发展。

14 / 补足学科的短板

> 厌学的学生不是厌恶学习本身,而是厌恶老师、厌恶家长,从而导致了对这个学科的厌倦。

在我教过的学生中,有一种现象很严重,就是偏科,这也是令很多家长颇为头疼的问题。因为学生本来其他科成绩都很好,就一门拖后腿,会严重影响总体成绩。高考时,要是报考重点大学,考不上;要是报普通院校,再看看学生其他科的成绩,又不甘心。

很多学生都会有厌学的现象,其实他们不是厌恶学习本身,而是厌恶老师、厌恶家长,从而导致了对这个学科的厌倦。有些学生为了抗议家长对其施加的不公平的待遇,不惜以学习上的自暴自弃来报复家长;有些学生因为对某名科任老师不满意,进而对这个学科产生抵触情绪。

尊其师才能信其道

很多时候,学生对一门新的学科的兴趣取决于该学科的授课老师。因为学生刚接触新的学科,并不知道这个学科到底是什么样子的,只能通过老师的讲课方式来判断。比如，物理老师特别风趣幽默，物理就应该是一门有趣的学科。可以说，老师就是某一学科的形象代言人，决定了学生对某一学科的喜爱程度。

我上高中的时候就遇到过这样一件事：

我的化学老师讲一口方言，她的方言地道到什么程度呢？我是当地人，都经常听不懂，所以对这位老师感觉很不好。于是，我对化学也没有什么兴趣，甚至可以说是一窍不通。后来，有一件小事改变了我。

我上高中的时候物资供应比较匮乏，纸张比较紧张，我们两名同学共用一套教材。比如，我跟我的同桌，他拿语文书，我拿数学书；他拿物理书，我拿化学书，上课的时候把教材放在中间，两个人一起看。

有一天，上化学课，我跟同桌两个人照例非常费劲地挤在一起看化学书。化学老师来回巡视的时候，看到我们两个人看书很吃力，就走到讲台上把自己的教材给了我。化学老师的这个举动使我很受触动。全班那么多同学，化学老师就一本书，为什么单单把书给了我呢？这肯定是对我有好感呀！

那时候，家里也好，学校也好，还没有人对我表示过好感。下课以后，我就非常感激地捧着那本书交还给化学老师，郑重地说："老师，谢谢您！"化学老师很随意地说："好像我办公室还有一本，我先回去找一找，你先拿着看吧。"

老师不经意的这句话却让我十分感动，她在不确定是否能找到那本书的情况下，就把书送给我，简直让我受宠若惊。当时，我就立下了一个志愿：一定要把化学学好！因为这位化学老师对我太好了。

于是，我开始积极努力地学习化学。这一学才知道，原来化学那么好学，是所有学科中最好学的一门学科。我的化学成绩后来好到什么程度呢？高考前的1个月，我都没有再看化学。高考的时候，我竟然要求自己的化学得满分（100分）。尽管最后我没有如愿，但还是得了99分的高分。

因为一件毫不起眼的小事使得我对这位老师心怀感激，因为我对老师的感激才使得我对化学产生了浓厚的兴趣。从这个意义上来讲，调整自己的心态，让自己去学会欣赏老师，学会欣赏这个学科之美，每个学生都能够走得更远。

学生偏科，老师责无旁贷

我们经常遇到这种情况：因为一名老师，一个班的学生对他所教的学科都感到不满意。也就是说，一名不称职的老师能导致一个班的学生成绩差。从这个意义上来讲，老师的社会责任重大。

人对工作的态度大致分三种：就业、职业、事业。但是老师不能被当成一种就业手段，也不能被当成一种职业。一旦把老师当成一种就业手段，当成一种职业，或者单纯地想通过干这个差事获取一种并不丰厚的待遇时，你就一定要想一想：如果一名老师工作态度差，工作能力不到位，耽误的是几十个学生的前程，几十个家庭一生的幸福。这是一个非常严重的问题。所以，老师的职业道德、业务水准，比任何一个职业都重要得多。我一直呼吁，做老师的人一定要把老师当成一种事业。既然是事业，就需要不懈地追求，不断地创新。

很多孩子因为讨厌老师就失去了对其所教学科的兴趣，在这件事上，当老师的责无旁贷。老师碰到这种情况，不能责怪学生任性、不成熟，而应该从自身找原因。

从心理学上讲，当你特别讨厌一个人的时候，你就别指望这个人喜欢你。人与人之间的关系是相互的，当你特别喜欢学生的时候，学生也会喜欢你；当你特别讨厌学生的时候，你也别指望你的学生能欣赏你。

老师讨厌自己的学生，学生是可以从老师的眼神中感受到的。既然你冷落他们，他们就会讨厌你。

如果连相互欣赏的前提都没了，教育是没法进行的。讨厌学生的老师不如干脆辞职，因为工作太累了。如果不想辞职，那就要转变心态，学会欣赏你的学生。当学会欣赏学生之后，你就会发现他们有很多闪光点。久而久之，你的学生必然会喜欢你，尊敬你，这样他们的成绩也会提高。因此，每名老师都有义务让你的学生喜欢你。

当老师的时间长了，我突然发现，我的心态也有了很大改变。以前，我也经常对一些"问题学生"表现出一种恨铁不成钢的愤慨；但是后来，我发现，当我再面对存在同样情况的学生时，心态完全不一样了。

我现在每带一届学生，都觉得他们简直就是白马王子、白雪公主的化身。即使有些学生很调皮，我也能接受他们，喜欢他们。我的孩子像他们这么大的时候，比他们还调皮，可我不是照样爱我的孩子吗？难道别人的孩子就必须那么完美吗？这样的心态竟然使得我跟学生的关系相当融洽，学生从我对他们欣赏的眼光中，感受到我对他们的重视，所以他们往往以"士为知己者死"的精神来回报。

老师的爱憎对学生的影响很大。人们常把老师比作园丁，那学生就是一棵棵幼苗，经不起任何摧残。所以，老师要谨言慎行，不要给学生造成不必要的伤害。

有一年，我半路接了一个班。班里有一个女孩，数学成绩经常倒数，每次数学考试都不及格。有一次开家长会，她爸爸告诉我，她之所以数学这么差，是因为她在小学期间受过一次伤害，有心理阴影。我一听才知道，这个学生之所以数学学得这么困难，不是能力问题，而是心理问题。心病终须心药医，要想提高她的学习成绩，首先得从调整她的心理状态开始。于是，我就让她爸爸动员她来找我。

这个女孩数学成绩差，平时学习也很困难，就不敢见我，因为我是数学老师。别的学生可以在我面前高高兴兴的，可她总回避我。在她爸爸的督促下，有一天她主动来到了我的办公室，来了以后也不说话。我正在那儿办公，抬头看见女孩来了，但是一言不发，就问她："你今天跑到我的办公室来，不是让我欣赏你那一脸的忧愁吧？"

她嗫嚅着："老师，我想跟您谈一谈……"

我说："你早就应该跟我谈了，我知道你内心很苦。"

接着，我从口袋里掏出一包面巾纸："今天这包面巾纸是专门为你准备的，你什么时候把这包面巾纸用完了，你的问题就解决完了。哭吧，说吧。"

女孩就开始了她的讲述："王老师，我苦死了。在小学四年级的时候，我是我们班的第一，还是班长。我们班推荐了5名同学参加一所奥林匹克数学学校的选拔考试，我自然在被推选之列。结果，5名同学考上了4名，只有我落榜了。我本来就很难受，但那天班主任到班里去，说：'告诉大家一个大好消息，我们班这次推选了5名同学，竟然有4名同学考上了，大家对这些考上的同学报以热烈的掌声。'说完后他就扬长而去……"

我觉得这名班主任应该再细心一点，做做减法，推选了5个学生，考上了4个，不是有1个学生落榜吗？而且，这个时候，不仅是考上的4个学生值得表扬，那个落榜的学生更需要安慰。结果，班主任不管不顾。落榜的女孩可怜兮兮地坐在教室里，多么希望老师安慰她一下。哪怕一句安慰，一句鼓励，都可以。但是，老师没有。所以，女孩无法从失落的状态中解脱，非常苦恼，回到家以后，脸色自然也不好看。

女孩的妈妈一看女孩脸色不好，就问发生了什么事。女孩以为跟妈妈讲过之后，心里会轻松一点，就把事情告诉了妈妈。妈妈一听，脸拉得老长，抱怨道："你看我每天这么辛苦，下了班还得赶回来，给你做饭，没想到你这个孩子这么不争气，你让说你什么好呢？"妈妈越说越气，饭也不做了。

一个才四年级的女孩满心苦恼，本来希望对妈妈讲出来，能轻松一点，结果不讲还好，讲出来又让自己受到了第二轮暴击。女孩哭着回到自己的房间，也没有人安慰她。哭完以后，她更加难受了，就做出了一个决定：要用实际行动证明，自己天生就不是学数学的料。

这个决心一下，她从第二天开始就不再认真学数学了。这样做之后，她的学习成绩自然急剧下滑，数学干脆就是一塌糊涂。家长发现后，知道是因为那次数学测验带来的伤害，就尽一切努力把孩子安插到数学班里。可是，她进了数学班后仍然不学。到了期末考试，她的数学考了49分，是全班倒数第一。

她的数学老师还非常"负责任"，批改完试卷，就把卷子从低分到高分排列起来，把最低分的卷子放在讲桌最上边，让课代表把数学卷子发下去。数学课代表一看第一份卷子是49分，就喊着女孩的名字，大声说："你才考了49分！"

其实，女孩已经麻木了，因为她根本不想学好数学。没想到周围的人还这样伤害她，她受不了打击，就趴在桌上哭。

就算这样，她最后还考上了人大附中高中部。自从上了高中，她意识到数学的重要性，就拼命地学数学，可仍然学不好。她在自己的一篇文章中写道："高二以来，其他学科在我的生活里就像乞丐，每天以数学吃剩下的时间为生，可结果是乞丐们几乎无不身强力壮，而数学从出生那天起就不让人省心，还没有从医院里出来见过一次天日。"

她接着说："老师，您知道吗？我高二时又受了一次伤害。有一次数学测验，我又考了49分。我正在拿着卷子看，与我隔着两桌的一名同学考了57分，全班就我们两个不及格。那名同学一看自己不及格，就拿着卷子趴在桌上哭。旁边有同学劝她：'这次数学考试，我们班还有一名同学才考了49分，人家都没哭，你比她强多了！'她的话我听得清清楚楚。我本来已经麻木了，一听这话，又难过了个半死。"

……

她就这样，一边讲，一边哭。

一段时间之后，我看着我给她的那包面巾纸也用得差不多了，就问她："你这次在你们班里到底排名多少？"因为我不当她的班主任，所以我没关注她的总体排名。

她轻轻地说："第18名。"

一个数学成绩严重倒数的学生，总分竟然在班里排第18名，确实令我意外。我就欣喜地看着她："小朋友，你太厉害了！你的数学成绩严重倒数，你的总分竟然排第18名，你是班里发展潜力最大的一个学生！只需要把你的数学成绩提高到中游水平，你绝对就能进班里的前10名了。"

她说："但问题是，我的数学进不了中游水平。"

"好办。今天既然你见到我了，明天我就保证你能进中游水平。明天数学测验，你能不能考及格？"

她说考不了及格，因为她高中以来从来没有及格过。

我说："明天就能考及格，我告诉你怎么考：最后那道选择题很难，你别做；最后那道填空题也非常难，不做；后边有3道大题，最后那道大题也很难，你也不做。考试的时候，你就把主要精力用在你会做的题目上。当别人做得比你快的时候，你也不用有心理负担，你就想：这些人多傻，他们快速地把会做的题目做错，争取时间去做不会做的题。我多聪明，我得到高人的指点，踏踏实实地把我的精力用在我会做的题目上，稳扎稳打。"

其实，很多学生都会犯这样的错误。说起来很可笑，他们就是这样做的，一看选择题很简单，那还用多想？很快地把它们做错了。结果就导致了会的题目不得分，难的题目又不会做。很多学生考不好就是这个原因。

我提示这个女孩怎么应对第二天的数学测验。

她最后说:"老师,我试试吧。"

第二天,数学测验如期举行,晚上我批改试卷,批完这个女孩的卷子一统计,她考了 58 分。这怎么办?我口口声声保证能及格,结果人家考了 58 分。我要不夸这个口,她考 58 分就 58 分,没准儿她还高兴呢。可是我已经保证了,她再不及格,我的权威不就受到挑战了吗?学生一旦对我失去信心了,可能对数学就再也不抱任何希望了。经过了好长时间痛苦的思想斗争,我给她改成了 62 分。然后,又在她的试卷上写了一句话:"我高兴地看到,你终于迈出了走向辉煌的第一步!"

到了第二天上数学课,我让课代表发卷子,我就站在讲台上看学生的表情。她一看及格了,眼睛一亮。又看到我给她写的那句话,她就捧着卷子,眼中泛起了泪花。我就断定,这个孩子应该没有问题了。从此以后,她就走出了困境,数学果然进入了班级的中游水平。以后她也愿意跟我说说话了。她说:"王老师,我现在才知道,原来数学那么好学。我原先怎么就被它'折磨'了这么多年呢?"

这个女孩高中毕业以后,选择了去英国留学。有一年寒假,我受英国文化部的邀请,到英国去考察交流。我利用这个机会去看望她。

这个女孩见了我以后,本来很激动也很高兴,后来就在那儿偷偷地哭。她说:"老师,我到了英国以后,一直在关注您的动向。后来才发现,我当时只考了 58 分,您要不说出来,我始终以为我当时考了 62 分。我很感激您,您当时要是真的给我 58 分,我这一辈子可能就站不起来了,因为我就对数学彻底地丧失信心了。但是,您给了我 62 分,使我感觉到我能学好数学;王老师说我能及格,我就考及格了。就因为我对您那种崇拜心理一直延续,后来才能够一步步地走出困境。"

一次让我颇有些为难的"作弊",帮着学生从此走出了对数学的心理困境。如果她当初小学时的班主任再对她能多一点点关心,就不会有我后来如此费心的"作弊"行为了。

15 / 做合格的优等生

> 很多学生之所以学习成绩欠佳,不是因为他们不用功,不是因为他们基础差,也不是因为他们能力低,而是因为他们缺少超越别人的野心和霸气。

前面谈到的"问题学生"大多是成绩比较差或至少是有一门学科成绩比较差的学生,其实一些成绩比较好的学生也有这样那样的问题,毕竟人无完人。不过,大多数时候,因为他们学习成绩好,有些小问题,家长也好,老师也好,基本上睁一只眼闭一只眼,只要他们不出大问题,也就听之任之了。其实,这些孩子的问题一旦爆发,也是不可收拾的。

莫让"聪明"绊住脚

我当班主任时,和不少家长都进行过交谈。经常会有家长对我说:"王老师,我的孩子挺聪明的,别人不会做的题,他都会做。老师们都说这孩子学什么都特别快,可就是整天漫不经心的,不能踏踏实实学习,成绩也忽上忽下,特别不稳定,任凭我怎么说他都听不进去。我是真的没办法了，该怎么办呢？"我绝对相信家长所说的都是真的，这样的学生，每个班里都会有。

我教过一个叫李文涛的学生。他的父母原来在淄博上班，后来因为工作调动到了沂水，他也随着父母转到了我们学校。他在学校上了两周课，我就看出来了，这是一个非常聪明的孩子，记忆力、运算能力、逻辑推理能力都非常强，可他总是懒懒散散的，打不起精神来。于是，我就把他爸爸请来了解情况。

一见面，他爸爸就开始诉苦了："王老师，您可得给我想想办法。我都快被孩子逼疯了！"

我一听，很吃惊，觉得李文涛平时表现得还不错啊，怎么会有这种事？

他爸爸说："这孩子我觉得还是比较聪明的。他大伯是清华大学的研究生，现在是一家投资公司的CEO；他姑姑出国留学，毕业后留在了国外；他的几个哥哥（其实是堂哥和表哥）都是名牌大学毕业。我们家的遗传基因算是不错吧？这个孩子的智力也不错，我想让他出国上大学，学习金融专业。所有的准备都做好了，可是他现在整天吊儿郎当，自以为是，我的话他一点也不放在心上。我的嘴快磨出泡了，可他却我行我素。您看，我这头发白的，都是为了他啊！有时候，我还没批评他两句呢，他的道理比我都多。这孩子我真的管不了了！"说着，他爸爸眼圈都红了。

我连忙安慰了几句，接着问："你平时和他交流吗？"

"交流啊，我都把这些话说了上万遍了，没一点儿效果。"

经过和李文涛爸爸的这番谈话，我知道问题出在哪儿了。是爸爸的话让孩子感到了压力，压得孩子不敢面对现实了。孩子希望成功，但更害怕失败，于是选择了逃避。

其实，要解决这样的问题，需要我们首先去了解孩子。现在的中学生由于生理和心理的发展日趋成熟，正处于叛逆期。很多学生在这个年龄都有反抗父母、老师的表现，这是一种正常的成长经历。特别是头脑聪明的孩子，对问题的看法很准确，分析问题透彻。父母、老师再反反复复地说那些陈词滥调，对他们不起一点儿作用。此时如果能根据学生的心理特征，采取适当的方法，走进学生的心里，事情就成功了一半。

很多聪明的学生都有懒散、固执、心高气傲的特点。这些特点都是他们在成长过程中逐渐形成的，想在短时间内就改掉，是很难的。他们为什么懒散？因为他们觉得自己聪明，不需要勤奋。他们为什么固执？因为他们觉得自己聪明——你们都是错的，我是对的。为什么高傲？还是觉得自己聪明。对于有这样想法的孩子，我们最好能让他们受到一定的挫折，在挫折中成长，而家长只要在风雨后给孩子安慰就行了。

我给李文涛爸爸的方案如下：

第一，和孩子交朋友。

孩子一般是在父母和老师面前表现叛逆，可是他不会在自己的朋友面前表现。这时，我们就要伪装自己的角色，和他们建立起朋友的关系。具体来说，就是平时放下爸爸、妈妈的架子，和孩子套套近乎。别看孩子是你生的，小时候跟尾巴似的哭着闹着跟着你；可是等他长大了，有自己的思想了，父母再吆五喝六，他可就不买账了。虽然还是听话，可是骨子里却开始不服了。父母可以等到孩子心情好时和他聊聊他的生活圈子，他的爱好和烦恼，并且最好是多听少说，让他彻底"暴露"自己。

第二，创造挫折，并让孩子受到挫折，然后以朋友的身份对孩子进行批评和鼓励。这时，一定要注意自己的言行得当，多一些鼓励和期待，少一些指责。

两个月后，李文涛爸爸给我打了电话，他说："王老师，真是不知怎么感谢您。现在我的孩子真的跟我成了朋友，有什么事都想和我说。现在不用我说什么，孩子自己知道学习了，真的太感谢您了！"我也高兴："没什么，主要是你的这个朋友做得到位。"

学习不能"小富即安"

有些学生成绩很好，就有点儿得过且过，不思进取，养成了"小富即安"的心态。有人认为，既然他们学习成绩不错，老师就不要管他们了，也可以省省心，有精力还可以照顾一下成绩落后的学生。很不幸，我就是"不省心"的人，因为我知道，学习如逆水行舟，不进则退。如果这些学生一直保持安逸的心态，久而久之，安逸就会变成懈怠，成绩也会在不知不觉中下滑，那时就悔之晚矣。

那年我带的毕业班就有几个学生，他们智商很高，素质很好，潜能也很大，但是学习习惯不太好，是典型的"小富即安"型。他们既然在我的班上，我就要想办法把他们的学习积极性调动起来。

我先找来其中一个叫庞观的学生，动员他："在这次班会上，你能不能向张亦楠发起挑战，刺激他一下？"在我的动员下，庞观同意了。

开班会时，我谈到了学习目标的问题。我说："每个人都有远期目标，也应该有个近期目标。庞观，你下一次的目标是什么呢？"庞观说："我下一次的目标是要超过张亦楠。"张亦楠听了颇不服气，心想："好小子，你敢挑战我？"于是，他站起来，大声说："好，咱俩比一比！"庞观也不甘示弱："我不服你，比就比！"

全班同学看到这个突如其来的场面都很吃惊，但我觉得特别好。我"火上浇油"："全体同学，给他们点儿掌声，看他们俩到底是谁能取得最终的胜利。"

可以说，从这次班会之后，这两个人就完全进入了一种既相互竞争又非常友好的状态。此后，班级又有一批学生自发地加入竞争的团队，形成了"状元敢死队"，促进了班级整体水平的提高。

后来，张亦楠被保送到了清华大学，又从清华大学考到了哈佛读博士。谈到高中的那段经历，他说庞观向他发起挑战，对他确实是一个非常大的刺激，激起了他敢于挑战的雄心。这次挑战不仅让他们两个人都取得了成功，还让班上其他同学集体得到了提升。

张亦楠写了一篇文章，叫《感谢统练》，文中就描述了他当时的学习状态：

我爱统练。因为统练，每天清晨，我都会满怀希望地去上学；每天上午，我都会满怀希望地去听课；每天中午，我都会满怀希望地去吃饭；每天下午，我都会满怀希望地去为即将到来的统练摩拳擦掌。统练是我一天的希望所在。因为统练，我生活得很充实。

我爱统练。统练没有压力，因为它不直接关系到我的未来前途；统练又有压力，因为它是正规的考试，而我看重每一次考试。正是这种不松不紧的氛围让我达到了最佳状态。统练时，我总能敏锐地发现题目的陷阱，那个时刻的喜悦即使在分数下来以后，也仍让我回味无穷。

我爱统练。统练后与其他同学比分，一较高低，是高三必不可少的项目。如果能够"一览众山小"，我会高兴两三天；若是不幸在年级"泯然众人矣"，我也会花一个晚上"面壁思过"。不过，大多数情况，我与那些高手都互有胜负，"胜故欣然，败亦坦然"嘛。

我在高三有一个统练伙伴。他与我一样，视每次统练如高考。他的实力也很强。我们还有一个相同点，就是都不太谦虚。每次分数下来后，我们中的胜者都难免流露出对对方的挑衅。如果某次输给他，我会好几天感到耻辱。而这种耻辱感正是我学习的最大动力。于是，一天一次的统练就让我这个疏懒的人勤奋起来。

我还是个知足常乐的人。我们班的强手居然几乎都扎堆坐在我那片。每次统练，我们那片的人很快就能知道其他人的分数，不免要比一比。比输了，我又对人家不服气，只好下次争取超过他们。还好，每天都有机会，于是每天都有目标。渐渐地，我发现，我也成了强手中的一分子。统练让我这个知足常乐的人在不知不觉中取得了进步。

以上所有这些，使我顺利地考上了清华大学。一天一次的统练，帮助我成功。

好学生更要有好心态

好学生可以说是学校中的成功者，但是相对于真正的成功者而言，他们还需要继续修炼。

我们在生活中往往看到，一些成功人士头上都有绚丽的光环，但是我们也知道，没有人可以随随便便成功，成功的背后往往也都有不为人知的辛酸和艰难。正是经过了这些辛酸和艰难的洗礼，成功人士才培养了良好的心态。而他们乐观、大度的心态，正是值得我们学习的。

富兰克林·罗斯福是美国一位非常有影响力的总统。有一次，他家里丢了东西。他的好友听说这件事以后，就给他写了一封很长的信安慰他。罗斯福给好友回了一封信，信上写道："我的朋友，感谢你对我的关心，但是你不用为我担心。第一，那个盗贼只是偷了我家的一部分财产，并没有盗窃我家的全部财产；第二，那个盗贼只是偷了我家的东西，没有危及我的生命；第三，也是最重要的一点，盗窃的是他，而不是我。"

罗斯福的乐观值得敬佩，尤其是那句"盗窃的是他，而不是我"显示出他不同于常人的胸怀。其实，一件事情是好是坏，完全取决于你的态度如何。正是对待事物的态度不同，决定了大家的发展轨迹也不同。

除了乐观、大度，成功者还有感恩的心态。现实生活中，确实有不少人是因为怀着感恩之心才最终获得成功的。我就遇到了这样一个人。

有一天，我正在北京的办公室忙碌，接到了一个陌生的电话。话筒那边传来了激动的声音："老师，我可找到您了，我找您找得好苦，我一定要去看您……"随后，这个打来电话的人特意从沈阳赶到北京来见我。见到我以后，他劈头就问："王老师，您对我还有没有印象？"

说实在的，我从教多年，教过的学生也很多，对他真的没有什么印象。他提醒我说:"我是从沂南县到您教的班上借读的。您听说我是从别的县来的,对我格外关照。有一次,我爸爸得了重病,住在中心医院,您还专门到医院去看我爸爸……当年,我要回东北的时候,您还帮我联系了一所学校。最令我感动的是,我当时扛着铺盖往汽车站走的时候,您亲自用自行车送我……"

这个学生读书的时间比较早,当时学生都没有自行车,而且沂水一中离车站有七八里路,又没有别的交通工具,他只能扛着铺盖走到汽车站。得知这一情况,我用自行车载着他的铺盖,陪着他一块儿去了汽车站。

听他这么一说,我大体想起来了。他说了这么多事,这些事又同时集中在一个人的身上,我就有印象了。这样的事我做过很多,就是不记得也是正常的。老师总得帮助学生吧?

这个学生滔滔不绝地给我讲了他回到东北之后的很多事,像他到了东北以后受了多少磨难,他怎么在东北考上了大学,毕业以后怎么分配到沈阳,并从一名普通的工人开始干起。他一边工作,一边打听我的下落,一直也没找到。后来,他想:"王老师,为了见到您,我一定要干出一番业绩来。否则,我觉得我没法儿向您交代。因为您当年费了那么精力帮助我,我如果不干出一点儿样子来,没脸回来见您。"此后,他非常投入、非常踏实地工作。后来,他成了一家企业的老板,在当地颇有名气。

他对我说:"王老师,我能走到今天,确实是因为那段艰苦的岁月为我奠定了很好的基础。另外,我能走到今天,就是对老师有一颗感恩戴德的心,逼得我必须干出最突出的业绩,再向您汇报。我就为了这样一个愿望,一直在不懈地努力。"

我觉得,这个学生的成功源于他的感恩之心。他爸爸住院了,我作为他的老师前去探望,给他一种安慰,是很正常的;他长期随父母在外生活、学习,在东北当地反而人生地不熟,我帮他联系当地的学校学习,也是很正常的;他的铺盖那么重,自己又扛不动,我用自行车把他送到汽车站，更是举手之劳。

这些事在我看来很平常，但是在这个学生身上就产生了一种化学反应，他对我产生了非常强烈的感激之情，以至于他想用最好的成绩来报答我。同样的事情发生在其他人身上，也许并不会如此。

此外，成功人士还有渴望成功的野心。我听过这样的一个故事：在法国，有一个青年叫巴利昂，他从小生活在条件非常艰苦的农村，穷困潦倒。因为生活所迫，巴利昂就到城市打工，从推销员做起。因为他吃苦耐劳，所以勤勤恳恳的他很快从一名普通的推销员做到了一个部门的负责人，后来逐步成了亿万富翁。

在即将告别人世的时候，他想起自己的一生经历了太多，而且视自己一生经历的风雨为最大的财富。他不想把这笔财富带进坟墓，于是就出了一道题目，在全国范围内征集答案。这道题目是"穷人最缺的是什么"，谁答对了，他就把万贯家产留给谁。

题目一经公布，答案如雪花般从全国各地飞来。有人说，穷人最缺的是金钱；有人说，穷人最缺的是智慧；有人说，穷人最缺的是知识……答案五花八门，但是竟然没有一份答案符合他的心意。他只能遗憾地撒手人寰。后来，人们把写有答案的纸条打开，发现答案是"穷人最缺的是成为富人的野心"。

我听完这个故事，也很受启发。我觉得很多人，特别是很多学生，之所以学习成绩欠佳，不是因为他们不用功，不是因为他们基础差，也不是因为他们能力低，而是因为他们缺少超越别人的野心和霸气，这使得他们总是感到技不如人，总是感到自己的头脑比别人笨，学习效率也比别人低。在这种对自己的怀疑与不自信中，他们的潜能得不到充分地挖掘，丧失了最宝贵的基础。

虽然成功的学生无法完全具备上述优点，但是据我总结，他们一般具备以下三个特点：

第一，不达目的，决不罢休的坚持性；

第二，在困难面前不低头，千方百计克服困难的顽强性；

第三，学习时善于理智冷静地控制自己情绪与行为的自制力。

可以说，一个学生一旦具备了这三个优点，就将无往而不胜。

16 / 高考冲刺，心态决定成败

> 很多事情，特别在关键时刻，它们成功与否其实取决于我们如何选择自己的心态。

每年到了高考之前，考生通常都会情绪起伏很大。许多家长和老师同样会变得很烦躁，甚至比考生的"症状"还严重，这就直接加重了考生的心理负担，造成了恶性循环。很多学生在离高考一个月、两个月，甚至三个月的时候，就已经开始焦虑了，担心考不上怎么办，还有很多东西没学会怎么办，还有很多内容没复习到怎么办……

他们这种担忧的情绪，将本来应该放在学习上的注意力分散了很大一部分，结果很可能就如他们担心的那样：大学没有考上，很多东西没学会，很多内容没复习到。为什么会这样呢？这是因为，他们把大量可以用在提高成绩上的时间，都用去担心没有发生的事情了。

其实，回头来看，我们这一生，能选择的事情特别少。比如，我们没法选择家长，不能说，自己看着家长比较差劲，就把他换了；我们也没法选择学校，甚至没法选择老师或者同学。我们为数不多能够选择的，就是我们的心态了。

一旦我们选择了好的心态，许多积极的变化就会出现。很多事情，特别在关键时刻，它们成功与否其实取决于我们如何选择自己的心态。

自信是成功的第一把钥匙

有一年，我应邀到内蒙古田家炳中学，去给该校高三学生做一场报告。因为这所学校几乎所有老师手里都有我的书，据说他们每次开班会时，就拿着我的书给学生读，所以我的名字，我做的那些事，田家炳中学的学生们都非常清楚。他们感觉我好像很神秘，很厉害，非常渴望见到我。

有种现象叫"亲其师则信其道"，也就是说，当学生对老师非常尊重的时候，他往往就会对老师的观念和方法特别乐于接受。但是，当学生很讨厌老师的时候，即使老师说的是对的，他也不以为然，甚至拒绝接受。我就遇到过这样的情况。

有的家长因为看过我的书，知道我的事，觉得我能帮助他的孩子走出困境，就到北京来找我，见到我就说："王老师，您一定得帮帮我的孩子。"当他把孩子领到我面前的时候，我就发现：如果这个孩子对我不了解，他的眼神中就明显有一种排斥，甚至是一种敌视；如果这个孩子对我比较了解，他就会产生一种强烈的、想见到我的愿望，这样的孩子一来，我几句话就能把他搞定。

为什么会出现这种情况？道理很简单：即使我再怎么了不起，学生又不了解，他的感觉就是一个陌生人突然来到眼前，对他指手画脚的，很多时候学生就很难接受。

有了这样的发现之后，以后再有家长找到我，想让我帮他的孩子的话，我一般都会对家长说："你如果想让我和你的孩子谈一谈，并且能在你的孩子身上发挥作用，最好让你的孩子看看我的书，在网上搜搜我的视频。当他看完以后，对我的为人、我的观念和做法都非常认同了，他会产生一种主动要见我的愿望。这时他再来见我，我给他正确的指导，效果就会非常好。"

田家炳中学的学生对我向往已久，我呢，则是"外来的和尚好念经"。同样一个道理，从他们的班主任嘴里说出来，可能不会引起他们的重视；但从我嘴里说出来，学生就觉得很新鲜，就能发挥作用。

我记得当时的情景是这样的：我一走上讲台，就对台下的同学们说："今天我给你们讲1个半小时，保证你们今年高考每个人至少多得10分。"我的话音刚落，下边的学生就要开始鼓掌。我说："你们别忙着鼓掌。等我讲完以后，如果你们确信能提高10分了，再用你们的掌声告诉我。"

我为什么要用这样一种比较狂傲的话作为开头呢？学生还有不到两个月就要高考了，而且他们又对我崇拜得不得了，甚至有把我当"学神"的冲动，此时，我再过分谦虚，对学生的自信心不利。于是，我干脆就说"至少多得10分"，帮学生增长信心。

我演讲的主题是"行百里者半九十"，从字面意思来看，它是说如果把走100里路看成一件事，走过90里路才算是完成了事情的一半。这句话的深层含义是什么？当一件事情越来越接近终点和成功的时候，往往越重要、越艰难，谁能够在最后的时刻抓得好、抓得牢，谁就能笑在最后，笑得最甜。但是，谁要是在最后的时刻，心态变差、效率下降或者有些事没有做到位，很可能败下阵来。

你可能前面一直都做得很好，但就是没有抓住最后的关键时刻，结果失败了，前面的辉煌和成功，更衬托了这种失败的悲哀。我就是从这个角度出发，给田家炳中学的同学们讲解了考试心理、考试技巧、考试方法、复习的侧重点等，并讲了很多案例。

1个半小时讲完了，我对台下的同学们说："今天的演讲到此结束，如果你们确信自己能提高10分，请用你们的掌声来告诉我！但是限时3

分钟！"结果该校将近两千名准毕业生集体起立，雷鸣般的掌声经久不息。很多孩子一边流着眼泪，一边鼓掌，那是发自内心的掌声。

我也非常感动。我从同学们含泪鼓掌的状态中，感觉到他们的掌声一部分是献给我的，更重要的是送给自己的。他们要为自己壮行，他们坚信只要按照我说的做，高考提高10分绝对没问题。

演讲结束后，我随机问了几名同学，问他们觉得自己能提高多少分。他们回答我20分。我感到学生的劲头儿上来了。结果，那一年的高考，田家炳中学破天荒地有4名同学考上了北京大学、清华大学，而且他们的优秀率、平均分都在赤峰地区遥遥领先，创造了历史最高水平。

高考结束后，田家炳中学的校长带着学校的一些老师，专程到北京来感谢我。校长认为，是因为我那1个半小时的演讲才让这届学生的高考成绩这么突出。我则不这样认为。他们在高考中取得优异成绩，是全体师生多少年共同努力的结果，我只是在关键时刻点了一把火。

对于一个群体来讲，气只可鼓不可泄。我的演讲使得全校学生充满了自信，整体氛围有了，田家炳中学的集体成功也就是必然的了。由此可见，高考冲刺阶段的心态对考生而言有多重要。充满自信，毫不气馁，再佐以恰当的方法，学生的成绩就能在高考前最后的两个月里突飞猛进；畏首畏尾，自暴自弃，放任自流，则必然导致在距离成功只有"最后1公里"的地方遭遇失败。

别让成绩波动摧毁你的信心

现在的学生还有家长，对于平时学习，特别是高考之前成绩的波动都非常恐惧，总是把成绩的波动等同于退步。他们关注的不是成绩背后暴露出来的学习盲点，只是就分论分，陷入了分数的误区和对成绩下降的过分恐惧。殊不知，成绩的波动，特别是高考之前成绩的波动，对于学生而言，正是一个天赐良机。如果把握好这个机会，学生就一定能在高考中取得优异的成绩。

那年 5 月中旬,有个北京高三女生的家长找到了我。他的孩子在高考前的头两次摸底考试中成绩都非常好,达到了北京大学的预测分数线,于是这个女生就在高考志愿表上把北京大学填成了第一志愿。

当时,北京是高考前报志愿。志愿报完以后,这个女生所在的学校就和外地的重点中学进行了一次交流,为学生们弄来了一些质量比较高的数学试卷。这个女生连着做了 3 套题,出问题了:她做的 3 套卷子,每套都不超过 110 分,甚至她最擅长的选择题和填空题都不断出错。可是她平时每一次测试,数学通常都在 130 分以上。这一下,她就慌了神。原本临近高考,压力就很大,又增加了这些压力,她一下子就被压垮了。

这个女生想:"还有半个月就高考了,我数学上居然还有这么多问题,今年我的志愿报高了,北京大学肯定上不了了。"大家都知道,一般第一志愿退档了,学生就会"摔"得很惨。这个女生意识到了事情的严重性,她想的第一件事就是要改志愿,于是就逼着她爸爸想办法。爸爸一看女儿的态度这么坚决,就赶快出去想办法,结果忙活到晚上 11 点,志愿还是没改成。

当爸爸筋疲力尽地回到家,女儿一看爸爸的样子,就知道志愿没改成。她不仅不体谅爸爸,还发起了脾气:"从明天开始,我也不去上学了。反正今年我也考不上北京大学了,高考就不参加了,省得落榜了丢人。"

十几年寒窗苦读,到最后半个月,孩子出现了这种状况,简直要把家长逼疯了。女孩的爸爸心疼孩子,就继续想办法。也不知道谁把我"出卖"了,女孩的爸爸很快找到了我的电话号码。他打电话的时间太晚了,已经半夜 12 点了。可能他真是太着急了。

半夜 12 点电话响,是一件很恐怖的事情,所以我提心吊胆接起了电话。电话一接通,我就听见里面有人说:"王老师,我可找到您了,求求您,救救我们一家的命吧!"我这边一听不妙,忙问:"你们家怎么了,进去暴徒了？"对方说："我们家比进了暴徒还严重。"我就赶紧问怎么回事。

女孩的爸爸把事情的来龙去脉给我讲了一遍。我一听，松了一口气，说："这事儿好办，明天让你的孩子到我的办公室。我保证，第一不用改志愿，第二今年她照样上北京大学。"一听这话，对方不吱声了，他没想到我的口气这么大，而且不容置疑。电话那头的家长分明在考虑：电话对面的那个人，到底是专家，还是个大忽悠呢。

我之所以这么说，是因为我知道这个时候再改志愿是不可能的。既然志愿不能改了，我就只能通过一种另类的办法，让孩子、家长坚定信心。虽然家长还有些半信半疑，但第二天，他还是让女儿到我的办公室来了。

双方一见面，我就对女孩说："我问你两个问题。第一，现在离高考还有半个月，你在数学上不会的问题，相对而言已经是个常数，你能理解吗？"我看她有点儿不理解，就接着说："也就是说，高考数学130个左右知识点，你不可能每个都会，也不可能每个都不会，对吧？"她说是。

我又说道："所以，你不会的问题相对来说已经是个常数了。第二，你不会的问题是客观存在的，对吧？也就是说，高考考这道题你不会，高考不考你还是不会，我说的你能理解吧？"

她点了点头。

我接着说："现在离高考还有半个月，在你不会的问题已经是个常数的前提下，你是希望在考试之前，你不会的问题暴露得越多越好，还是越少越好呢？"

她说："我当然希望暴露得越多越好了。"

我说："那什么时间暴露？不就是通过考试和作业来暴露吗？你想想，你利用两个小时时间做一套卷子，得了满分，这意味着从这张卷子里，你一个问题也没发现。你认为这套卷子对你重要吗？"

她说:"不重要!"

我说:"岂止是不重要,我要告诉你,离高考还有半个月的时间,你拿出两个小时做一套卷子,竟然一个问题都发现不了,这两个小时浪费得太可惜了,这套卷子对你绝对是不负责任的。你看现在,高考前你做了 3 套卷子,每套都得了不足 110 分,那相当于每套卷子中都有 40 多分的问题暴露出来了,这对你多重要啊!你抓住高考前的关键时机,把暴露出来的问题彻底干掉,高考时不就多了一份轻松,多了一份得高分的可能吗?只有平时多发现问题,高考的时候才能少出现问题。你现在一遇到不会做的题目,就心烦意乱,怀疑自己不行了,你见过哪个考生能每次都拿满分呢?所有考生都会带着一些遗憾走向高考的考场,关键是我们应该用什么样的心态来对待这个问题。你看你现在只要发现问题,就觉得自己不行了。要是这样的话,我看你平时垮不了,到高考时也得垮了。我觉得你今年放弃高考绝对正确,就你现在这个状态,肯定考不上!"

女孩听我说到这个份儿上,心结已经完全解开了。她说:"老师,我现在又想考了。"

我笑了笑:"你想考很好办,只需要有一个心态,就是'让暴风雨来得更猛烈些吧'。有了这个心态,你今年高考肯定没问题!"

女孩听我说完,非常感激地给我鞠了一躬说:"老师,非常感谢您!我知道该怎么做了,您就看我的表现吧。"

结果,她回家以后,就像变了一个人一样。后来她爸爸给我打电话,说:"王老师,太感谢您了,您救了我们一家的命。我的孩子从您那儿回来,完全变了样。之前她一遇到不会做的题目或者做错题的时候就很苦闷,还常说'马上高考了,还有这么多不会做,我今年怎么办呢',就在那儿干着急。从您那儿回家以后,她只要遇到不会的题就兴奋,说王老师说了,这是又给了我一次查漏补缺的机会!"

这个女孩后来完全表现出了一种愈挫愈勇、愈挫愈兴奋的心态，在当年以超过录取分数线 20 分的优势考入了她的第一志愿——北京大学。

其实，一个学生在基础、水平已经达到一定程度的情况下，在高考中起决定因素的，往往就是心态。冲刺阶段能否保持良好的心态，将会直接决定高考的成败。

17 / 抓住一句话的机会

> 一个人的成功看似复杂,但如果你能抓住机会,用一种比较积极的心态应对,无论是一件事,还是一句话,都可以改变你的一生。

有位哲人曾经说过这样一句话:人生的路是漫长的,关键的时候却很短,有时甚至只有几步。这转瞬即逝的刹那却可能改变人的一生。有时,一句看似不经意的话却能在听者的心里激起涟漪,引发一系列意想不到的结果。就如蝴蝶效应那样,一只蝴蝶在巴西扇了一下翅膀,引发了美国得克萨斯州的一场龙卷风。

拥有一颗感恩之心

有一年,我带了复读班,还担任这个班的班主任。班上有一个很瘦的学生,高考之前,找我谈过一次话。他说:"王老师,您知道去年高考我为什么落榜吗?因为我营养严重不良,才考了1个多小时,头脑就严重缺氧,有点儿虚脱了。以后的考试,我感到体力不支,最后就落榜了……"

听到这句话以后,我心里挺难受。他准备了 10 多年,就因为营养不良,体力精力不支,最后落榜,真是太可惜了。从此,我一直把这件事记在心里。高考的那一天早晨,我跟我老婆说:"你今天做一碗荷包蛋面,里边弄上两个荷包蛋,把味道调得好一点儿。"我老婆拿出了她最好的手艺,做了一碗荷包蛋面。

随后,我就把那个学生叫到我家。那个学生来了以后,我就给他端上热气腾腾的荷包蛋面。我说:"今天把这碗面吃了,今年高考就没问题了。"那个学生没想到我会这样做,只是看着,就是不吃。我问:"你为什么不吃?"他说:"老师,这多不好意思。"我说:"如果这碗面就能够解决你考大学的问题,你说它的含金量该有多高,一定要把它吃了。"在我的强迫下,那个学生满含感激地把一碗面吃完了。

当年的高考,那个学生发挥得特别突出,考上了山东农业大学,现在发展得非常好。后来,每当看到我,他都会说:"老师,我一看到您,就想起那碗荷包蛋面,是它改变了我的一生。"

一碗普普通通的荷包蛋面,让一个从高考战场上败下阵来的复读生重新鼓足勇气,满怀感激地再次上路,挑战自己。这碗荷包蛋面不仅给他补充了营养,增加了体力,更重要的是,让他感受到来自外界的爱与关怀。当一个人怀着感恩之心去做事的时候,他就比旁人多了一份积极进取,多了一份鞭策与鼓励。相应地,他也就更容易成功。

一个眼神胜过一顿批评

有时候,一个动作或眼神就能改变人的一生。我看过一篇文章,叫《状元之路》,写的是天津市的一名理科高考状元的一段心路历程。那个学生写得特别实在。在文中,他讲了一件事:

他上初三的时候,还是一所普通中学里一个成绩很一般的学生。那年寒假,他妈妈领着他去她大学同班同学家拜年。母子俩来到妈妈的同学家之后，发现那家也有一个男孩。他妈妈就问同学的孩子："你今年上几年级了？"男孩说："我今年上高一了。"他妈妈又问："你在哪儿上学？"男孩说："我在南开中学。"大家都知道，南开中学是一所非常有名的中学。他妈妈继续问："你学习成绩怎么样呢？"男孩很轻松地回答说："阿姨，我这次期末考试，在班里考了个第一。"他妈妈就回过头来，深深地看了自己的儿子一眼，什么话也没有说。

中午两家人一起吃饭的时候，他妈妈虽然脸上表现出了一丝苦涩和尴尬，但是她只字不提学习的事。因为这位妈妈知道，一旦在饭桌上提起孩子学习的事，那就等于在她儿子的伤口上撒盐。作为母亲，她要保护自己孩子的自尊心，甚至是虚荣心。

在回家的路上，这个男孩心里很难受，就对自己说："我也是个大老爷们儿，我为什么就不能为我妈妈争这口气呢？妈妈听到同学的孩子学得那么好，但是从头到尾，没有提一句学习的事，是怕我受伤害。妈妈听到同学的孩子在班里考第一之后，只是深深地看了我一眼，也没有说别的话。不为别的，就为了妈妈看我的这一眼，回去以后，我必须要为妈妈争这口气。"

回到家之后，这个男孩就像变了一个人一样，开始调整心态，进入了一种发愤求学的状态。努力拼搏了半年之后，他在中考中超常发挥，以最后一名的成绩考入了南开中学。虽然入学时是最后一名，但是他知道，未来他要拿到南开中学的第一名。

他想："我通过半年的努力，竟然超越了那么多困难，从一所普通初中考上了南开中学。还有 3 年的时间，我有足够的勇气和理由，把南开中学的第一名'据为己有'。"凭着顽强的自信心，在以后的学习中，他踏踏实实，一步一个脚印地往前推进。虽然学习上也经常出现一些波动，但是因为他大局在胸，靠着自信战胜了一次又一次的困难。最后，在当年的高考中，他以天津市理科状元的身份考上了清华大学。

他说:"我一生的改变,就是从妈妈看我的那一眼开始。"现在想想,生活中是有很多机会可以改变人的一生的,但很多学生就是抓不住这样的机会。别说妈妈看他一眼,就是比较明确的提醒,都不能引起他的重视,这样的学生往往会错失很多良机。其实,只要能抓住机会,一件事就可能改变你的一生。

关键时刻有一句话就够了

有一天,我收到了一封邮件,它是我在青岛二中教过的学生陈皓写来的。在邮件的开头,她对我表示了由衷的感谢。她说:"王老师,我终于在网络上发现您的踪影了,我要向您表示深深的感激。"

接着,她回忆了这样一件事:

她刚上高一的时候,一开始在重点班,后来因为一次选拔考试没考好,就从重点班被调整到了普通班。正好高一下学期我接管了这个班,教这个班的数学。我有一个特点:每次考试,无论大考小考,我都要在每个学生的试卷上写一句批语。

这句批语可不是那么容易写的。因为要写这句批语,你得了解这个学生的心理状态、学习状态等。此外,这句批语还承担着给学生以鼓励,或者帮助学生走出心理困境的重任。为了写好批语,我常常到了凌晨三四点都睡不着觉。

我为什么要这样做呢?因为我跟学生能够单独接触的时间是很少的,我就希望,凭借每次考试给学生以恰当的点拨、鼓励和指导。都说"分、分、分,学生的命根",学生那么看重分数,每次考完之后,面对成绩的起伏,他们的心理都会产生很大的波动。这时就需要老师发挥指导作用了,需要老师用智慧和对学生的理解,帮助学生发现自己的优点和不足,从而不断进步。我把这项工作一直坚持了下来。

没想到这样一种看似默默无闻的工作,在学生成长的经历中,竟起到了很大的作用。陈皓从重点班被调整到普通班之后，感觉很丢人，思想负担很重，情绪很低落，内心很焦虑。我也能感到她那种淡淡的忧愁。但是，因为我是半路接的这个班，所以不知道她是什么原因。

有一次考试，题目出得比较难，陈皓的成绩特别突出，我心想这个女孩怎么这么厉害？于是，我就在她的卷子上写了一句话："这才是我心目中的陈皓！"

陈皓一看到自己考得很好，又看到了我写的话，就开始反思了。她感觉自己过去的颓废是非常不应该的。她想："你看，我在王老师心目中原来是这样的，这才是我陈皓应该有的水平。"看到我这句话之后，陈皓一下子就变得振奋，变得自信了，而且对前一个阶段情绪的低落，进行了认真的反思。之后，她因为找回了自信，就从心理困境走出来了。

其实，我就教了她半年，甚至连她长什么样子都记不清了。可是，陈皓却永远记得我给她写的这条批语。后来，她考上了北京外国语大学，又去美国留学，获得了博士学位。现在她在国内一所大学当教授。

她在邮件中谈到："王老师，以后的日子里，我始终以您的这句批语来鼓励自己。我现在毕业了，也成了大学老师，我在当老师的过程中，总是模仿您的这种方法去教育我的学生，对学生充满爱心。我也因此赢得了很多学生的尊重。"

陈皓在她人生的低谷，因为我的一句批语走出了困境。类似的故事还有很多。下面这件事还是发生在我在青岛二中工作期间。我带的班上有一个男孩，长得特别可爱，不过学习成绩一般。有一次期末考试，可能题出得比较简单，他第一次考了90多分（满分100分）。我就半开玩笑地在他的试卷上写了一句话，大概意思是："今年是我在青岛过的第一个春节，因为你这次期末考试的突出发挥，我相信我的这个春节将会过得非常愉快。"

我写这句话完全没有什么深意，完全就是一种聊天的语气。没想到这个男孩一看到我写的这句话，回家后竟然在他妈妈面前哭了。他对他妈妈说："您看王老师从外地调到青岛，今年第一年在青岛过年，因为我这次考好了，他的春节将过得非常愉快。那么，为了王老师一生的幸福，我今后一定要好好学习，让王老师一生都过得非常幸福。"就为了这一句话，这个男孩整个寒假就非常自觉、非常主动地投入到学习中。

他妈妈非常感动，开学之后专门到学校见我。她说："王老师，我不为别的，就为您在我的孩子试卷上写了那么一句话，就让孩子那么为之激动和兴奋，焕发出学习的激情。就从这一点上来讲，您真的令我感动，令我敬佩。我们非常感谢您。"

以后，这个男孩确实发展得很好，现在已经是青岛一家外贸集团的老板。他一见到我，总是要谈这件事，说那张试卷，他现在还保留着，因为那是他一生的一个转折点。

你看，一个人的一生，往往会因为一句话，得到一个很大的改观。从这个意义上来讲，这也是老师的一种责任。当老师的艺术往往就是润物细无声，所以不要期望学生在当时给出什么样的回报，或是表达出什么样的感激。当老师捧着一颗赤诚之心去为学生服务的时候，当老师怀着一颗关爱之心去帮助学生的时候，我相信学生会永远地记挂着你。但是，这种记挂不一定是跑到你面前，向你说一声感谢，因为学生会把对老师的感激永远珍藏在心中，这才是人生最珍贵的感情。

从批评中找到前进的动力

除了一件事、一句话，还有因为挨了我一顿批评而成功的学生。

当时正是暑假，我骑着自行车通过沂河大桥，准备去城里玩，迎面遇到了一个学生。我没当过他的班主任，但是教过他们班数学。我知道这个学生家里经济条件很差，但是他的学习态度很一般，所以当年落榜了。他可能是想去沂水一中联系复读的事。我跟这个学生相向而行，碰了个正着。

一般来讲，这种高考落榜的学生都不敢见我，但是两人碰了个正着，躲也躲不过去了。我一看到这个学生，就从自行车上下来了。这个学生也垂头丧气，觉得做了错事一样，到了我的跟前。

我说："我告诉你，你本来可以考一所很好的大学，但是回想一下这3年，你到底怎么过来的？我就很纳闷，你的家庭条件那么困难，你的父母含辛茹苦供你上学，这个机会多么不容易。你有起码的良心，就不能这么松懈地对待自己。你这样不仅是对不起你自己，对你的家长也是一种犯罪。更何况，这简直就是放弃了你的前程。你难道就这么不懂事吗？"最后，我还"恶狠狠"地加了一句："你平常在学校不用功，留着力气回家种地吧！"

这个学生被我批评完以后，小声地说："王老师，我回想这3年确实很痛苦，我想从现在开始努力，不知道学校能不能给我一个机会让我复读。"

后来，这个学生回校复读以后，就把我批评他的那些话写到一张纸上，贴在课桌上。一没有动力了，就看看我批评他的那些话。经过一年的积极努力，他考上了一所本科院校。

他考上大学以后，给我写了一封很长的信。他在信中写道："王老师，我人生的转折就是从沂河大桥上，被您劈头盖脸地批评一顿开始的。我从您的批评里开始反思人生，反思我自己，找到了前进的动力……"

由此可见，有时候一顿批评，也能在学生成长的过程中，给他一剂清醒剂。一个人的成功看似复杂，但如果你能抓住机会，用一种比较积极的心态应对，无论是一件事，还是一句话，都可以改变人的一生。

古往今来，都有这样的例子。我们看一些文学作品，有些人本来身体很羸弱，为了报杀父之仇、夺妻之恨，遁入深山老林，闭关10多年，最后练成了绝世武功。你说这些人成为武林高手的动机，难道一定很高尚吗？不一定。不是说必须有"为中华之崛起而读书"那样的豪迈，才能够把学习搞好。有时候，可能一件小事都有可能改变人的一生，就看你能不能抓得住机会。

18 / 走出孤独的世界

孩子最需要家长把他当成朋友那样去理解,去关爱,去尊重。

如今,不少孩子都是独生子女,由于从小是一个人孤独地长大,缺乏与同龄人交往的经历,所以进入学校以后,就不太懂得如何与人相处。和同学之间,也就容易因为性格的差别,造成这样或那样的矛盾。处理不好这些矛盾,不仅影响同学之间的团结友爱,还会给孩子带来心理阴影,影响学习。

所以,对于家长来说,不仅要关注孩子的成绩,更要注意到成绩起伏背后的问题。如果是因为孩子没有处理好与人交往的问题带来了心理负担,家长就一定要及时引导孩子,帮助孩子健康成长。

孩子的心为什么离家长越来越远

我曾经在青岛二中做教导主任,但是后来毅然辞去在青岛所有的工作,带着老婆孩子来到北京。其中一个非常重要的原因,就是想为孩子提供一个更好的受教育机会。此外,北京的工作能给我落实北京户口,孩子按照随迁子女落户政策也能解决户口问题，可以在京参加高考。

到了北京之后，由于工作压力很大，我一头扎入工作中，每天忙得脚不沾地，根本没有时间关心孩子，以至于孩子上初中期间，我跟她之间的关系是非常对立的。对立到什么程度呢？她见了我很烦，我见了她也很讨厌，甚至发展到话不投机半句多。

她的数学成绩也是我们俩经常爆发"战争"的导火索。她的数学成绩很一般，我又是数学老师，有时候就想给她辅导辅导。如果只是正常辅导功课，倒也不会发生什么，但是我发现，我给别人的孩子辅导数学，态度好极了：要是这道题不会，我给你讲一遍；还是不会，我会笑眯眯地再讲一遍；如果还不会，我还能心平气和地再讲一遍。

但是，给自己的孩子讲题就不是那回事了。讲了第一遍，要是明白了还行，要是不明白，我脸色立马就不好看了；再讲第二遍，孩子还不明白，我立马就控制不住了，不是大发雷霆，就是让孩子把不会的题抄上几十遍。到了后来，只要是我跟孩子谈论学习，她就高度恐惧，之后发展到拒绝跟我谈论与学习有关的任何问题。

现在想想，我这个家长当得真是很失败，也很差劲。试想一下，你给自己的孩子讲题，一遍两遍讲下来，他还是不会的时候，你再一生气一变脸，他能不紧张吗？这样的情况出现一两次也就罢了，如果成了家长和孩子日常沟通的模式，到最后孩子只会害怕你，一旦来到你的面前，他就恐惧，哆哆嗦嗦。本来会做的题目，由于脑子一片空白，他也不会做了。

由此可见，我给我的孩子辅导数学，讲一遍她听不懂，再讲第二遍她更听不懂，不是因为她的学习能力不行，而是因为她太恐惧我了，一到了我跟前就害怕，脑子就出现空白。但是，我误以为孩子很笨，把她说得一无是处。

也就是说，对我的孩子而言，我给她辅导数学，与其说是帮助她，倒不如说是对她进行了一种心理摧残,让还在读初中的她看到数学、看到我就害怕。我当时还挺上火:"这个孩子怎么这么差劲呢?我给你辅导数学你都不听?"结果,我的孩子没考上高中。

因为跟同学的关系一般,她也没有几个可以一吐衷肠的同学。她在班里又经常怀疑老师瞧不起她,同学瞧不起她,跟家长的关系也处理得很僵,所以她中考落榜了以后,非常难受,但无处纾解。

作为独生子女,她很孤单,非常希望家长能作为她的朋友,听听她的倾诉,但家长又是她最不想与之交流的人,所以她满心的苦恼没有地方说。我的孩子把自己反锁在房间里,不愿意跟我或是她妈妈交流,真把我们急坏了。

后来,我们才知道,我的孩子把自己反锁在房间里写日记,一边写,一边流眼泪。这件事是怎么发现的?她妈妈帮她收拾房间的时候,发现了她的日记。因为担心孩子,也顾不得先征求她的同意了,她妈妈房间也不收拾了,就坐在那里看女儿的日记,看到眼泪滴在日记本中,把字迹都洇透了。

我那天一进家门,就看见她妈妈满脸泪痕地坐在沙发上,就忙问怎么回事。她妈妈就把日记本拿给了我,情绪非常激动地对我说:"你看看,咱们就这么一个孩子,你看看孩子现在都苦恼到什么程度?你从来不管她,就只知道工作,你能不能管管孩子?你看你的孩子,对你多么有意见,对你多么失望,但又多么需要你,你就不能帮帮她?"

遭受了老婆劈头盖脸的一顿埋怨后,我就赶紧拿起孩子的日记本。我一看孩子那个泪迹斑斑的日记本,内心受到了非常大的触动。看完孩子的日记以后,我才知道,我原以为我很关心我的孩子,她需要什么,我绝对给她提供什么;甚至为了孩子的前程,放弃了青岛那么有发展前景的事业,跑到北京当一名普通教师。我觉得,我为孩子做得够多了,结果却发现:孩子不需要的东西,我们给了她一大堆;孩子真正需要的东西，我们却吝啬至极。

其实，孩子真正需要什么呢？现在的物质条件这么宽裕，谁家的孩子吃不饱穿不暖？基本的生活保障根本不是问题了，孩子最需要的是，家长把他当成朋友那样去理解，去关爱，去尊重。但是，恰好这一点，家长没有做到。

孩子在日记中写道："今天我爸爸又要给我辅导数学，我头天晚上都紧张得睡不着觉了。因为一来到他的跟前，我就紧张，本来会做的一些题目也不会了，但是看到爸爸脸上的那种绝望的表情，我确实没法向他解释。我真的对我爸爸有点儿绝望了。"

日记中还写到无处诉说的委屈与烦恼。当时，我从沂蒙山区调到青岛，她转学到城乡接合部的一所小学。这所小学里有几个男孩，在班里以欺负女同学为乐。我的孩子来到青岛以后，不适应青岛的生活，讲话还有点儿地方口音，竟然就成了这几个男孩欺负的对象。她被几个男孩欺负了以后，回家就跟她妈妈讲。她妈妈一听，心里难受极了，但自己是成年人，对方是小孩子，也不能拿他们怎么样呀，就决定把自己的孩子教得厉害些。于是，她妈妈就说，你这个孩子怎么这么窝囊呀，你可以……可我的孩子是个女孩，又初来乍到，人生地不熟，她又怎么敢跟几个当地的男孩对着干呢？

我发现，我的孩子不跟她妈妈讲便罢，越跟她妈妈讲越痛苦。她在日记中写道："我本来受了委屈，想跟我妈妈讲一讲能轻松一点，但没想到每次跟我妈妈讲，我就会受到更大的谴责，就会更加痛苦。所以，我今后这样的苦恼，再也不跟我妈妈讲了。"

还有一篇日记写道："我今天又挨了同学的欺负，我不能跟我妈妈讲，但我考虑我爸爸还能为我解决这个问题，我就想跟我爸爸讲。结果，我等啊，等啊，都等到晚上11点了，爸爸还没有回来，我只能睡觉了。到了第二天，我睁开眼睛，爸爸又上班了。我这满心的苦恼，该跟谁诉说呢?"

我的孩子的日记中,表达的全是这样的感觉。我原先以为我的孩子性格内向,有点儿胆小怕事,患得患失,甚至经常怀疑同学瞧不起她,老师瞧不起她。人家同学在一旁聊天,她就怀疑她那些同学是在议论她……这些情况不是多么严重的问题,但看完孩子的日记以后,我才知道,我的孩子之所以学习成绩不好,是因为她的心理负担太重。她考虑学习之外的事太多了,严重地影响了她的学习效率。

另外,我通过看孩子的日记才知道,为什么孩子跟我话不投机半句多。不是孩子不需要我,相反孩子在成长的过程中太需要家长了,家长的作用是任何人没法取代的。但是为什么孩子拒绝家长的帮助?因为家长的一些不良作风把孩子推向了反面。我看完孩子的日记以后才感觉到,我这个家长其实当得挺差劲的,我决定要彻底改变自己的心态,要做孩子的朋友。

做孩子最好的朋友

我的孩子虽然中考落榜了,但因为我在人大附中教书,根据学校的相关政策,她还是得到了进入人大附中高中部就读的机会。为了帮助我的孩子,开学前我就跟校长提出来:"我到北京,本来只是为了孩子,可是没想到,到了北京以后,我工作干得更投入,竟然更顾不上管孩子了。感谢学校给了她读高中的机会。现在离她考大学还有三年,这三年我一定要陪着我的孩子读完,所以我强烈要求教高一。"

校长说:"老师能把别人的孩子教育好,但是不一定能教育好自己的孩子,你可别胡思乱想。"

校长的话也有一定的道理,但我想到了我的孩子那种心理状态,她是非常需要我保护的。我就想,我教数学教得挺好,如果我教他们班数学,他们班的同学会因为我的课喜欢我,通过喜欢我产生对我的尊重,然后会把对我的喜欢和尊重转移到我的孩子身上，我不就从侧面保护了我的孩子吗？我就是这样想的，所以坚决要求教高一，而且我的孩子在哪个班，我就教哪个班。校长看我态度坚决，就答应了我的要求。

当然，我不是他们班的班主任。不能当孩子的班主任，但可以教她数学，这件事我先征求过孩子的意见，她也同意了。就这样，我就成了我的孩子的数学老师。

高中这三年，我开始尝试着跟我的孩子交流感情。和孩子交流的时候，时机很重要。我怎么交流呢？我每天都要看孩子的脸色，一看今天她脸色很不好看，就撤退，别讨那个没趣，什么也别说，因为一说她准保要生气。哪一天，她的脸上阳光灿烂了，看起来心情非常好，这就是谈话的好机会。每当这时，我就找一些与学习无关的话题去跟她谈，跟她聊天。孩子一看，我谈的与学习无关，就想跟我聊。

我发现，孩子过去跟我不讲话，不沟通，是因为我总是一上来就谈学习，让她紧张。当我谈论一些与学习无关的话题时，她就敢于跟我讲话了。她又是学生，家长不谈学习，她谈着谈着反而就谈到学习上来了。一谈到学习，她就开始讲班里的一些事了。后来，我跟孩子竟然发展到每周都得谈一次话，而且一谈就能谈很长时间。

因为孩子跟我谈话时往往都是一吐为快，所以后来我跟孩子的互动模式，就是她倾诉，我倾听。有时候，她妈妈在旁边听，因为孩子什么都想说，她妈妈听着听着就听不下去了，还生气地对她说："你小小年纪，想这么多乱七八糟的事，还有什么精力搞学习呢？"她妈妈一生气，孩子一下就打住了，一句话也不说了。

后来，我发现这样不行，只要她妈妈在跟前，我们两个人的谈话就不能流畅地进行下去。怎么办呢？我们就改变了方式和地点。等她妈妈休息之后，我们跑到她的房间就开始聊，有时候一聊就聊到半夜。最后，孩子在我面前，无论什么事都敢谈。如果她的观点是正确的，我会说太好了，你这个观点太正确了；如果她的观点是错误的，我也不会当时指出来，而是紧急地考虑对策，让她感觉到，她说的这句话、这个观念还值得商榷。渐渐地，我们真的成了无话不谈的好朋友。

到后来，因为孩子对我越来越理解，她知道我的工作压力越来越大，就学会了看我的脸色。要是我回家表现得很疲倦，她有些想说的话就暂时不说了；只要看到我回家很高兴、很轻松，她就想跟我聊天。孩子会站在家长的角度上考虑问题了，这是一个很大的进步。

孩子都能站在家长的角度考虑问题了，做家长的就更应该顾及孩子的感受。我为自己做了如下规定：

第一，尽量减少工作的应酬，尽量回家陪孩子，尽量不出差，尽量不会客，下班就回家。因为我知道，哪怕就是我坐在旁边，孩子都能感觉到身边有一个主心骨。

第二，无论在外边多忙，只要回到家，就一定要表现出很轻松的样子。我后来让自己做到什么程度呢？回家的时候，先在门口酝酿感情，让自己变得很轻松，然后高高兴兴、面带笑容地回家了，有时候还会哼个小曲。

我的孩子一看，我很轻松地回来了，她心里特别踏实。这时，如果她想跟我交流什么，就会先问："老爸，今天有时间吗？"你看，她先问我，今天有没有时间。我说有时间，她就说："老爸，我明天就要考试了，想跟您谈谈。"后来，这种谈话成了一种习惯。每次大型考试之前，她都想跟我谈一谈。谈完以后，她就会变得很轻松，很自信，往往都能够在考试中正常发挥。

培养发现快乐的心态

和孩子的谈话，未必总要选择正儿八经的话题。有时候，生活中一些看似无聊的事情，把握好了，也可以帮助孩子解决困惑、培养胸怀。

我的孩子上初中时，有一次跟我讲："老爸，您能不能跟我的班主任说一说，给我换一下座位？"

我说："为什么呀？"

她说："我那个同桌特差劲儿。"

我说："差劲儿到什么程度？"

她说："我的同桌经常上课不带铅笔，就用我的，用完之后也不还。"

我说："你是不是看到这种情况很生气？"

她说："我怎么能不生气？"

我说："你看，你的同桌上课拿你一支笔，这本来是同学之间很正常的行为，你却生气，你这一节课光生气了，你的学习效率能够提高吗？"

她说："他还经常骂人，经常骂我是猪。"

我说："你遇到这种情况，怎么办呢？"

她说："我就生气，他凭什么骂人呢？我就想找个借口骂回来，但是又开不了那个口。"

一个孩子在跟同学的交往中，经常会不可避免地受到别人的伤害或者欺负。这时，不能一味地躲，应该学会保护自己，也应该学会针对别人不礼貌的行为，进行主动而巧妙的反击。所以，我说："你这样也不是个办法，今后你应该学会适度的反击。"

她说："我怎么反击？"

我说："我在报纸上看到一个骂人的故事：在公交车上，有一个人拼命往前挤，把前边那个人挤得有点儿生气了，回过头来说了一句：'猪年都过去了，你拱什么呢？'结果后边往前挤的人停下来了，说：'狗年还没到呢，你叫什么？'这样的回击就很有水平。今后你的同桌如果再骂你，你就可以说：'猪多好，那么憨态可掬，总比从动物园跑出一只狗熊，乱咬乱叫乱骂人好得多吧？'你就这样回敬他一句，他会从你的回应中，感受到你的底气，感受到一种神圣不可侵犯的气势，以后就不敢轻易骂你了。"

孩子一听高兴了："行，老爸这一招好！那我就不调座位了，我就等着他骂我的时候回敬他。"

过了1个多月，孩子跟我讲："老爸，我觉得很失落。我等他骂我，等了1个月了，他也不骂我，我准备的招儿没用上。"

我就笑了笑，说："孩子，你通过这件事应该感受到，这就是你的心态的问题。其实，你的同桌并不是对你不友好。人家对你很友好，你看你这么天真，这么可爱，又不去欺负别人，人家谁和你过不去呢？你老是以为人家对你不友好，和你过不去，所以你就背上了包袱。你看，当你准备好回敬人家的时候，人家1个月也没骂过你一次。我告诉你，同样的一个班，有些人待得很愉快，有些人待得很郁闷，不是因为这个班级本身，而是因为各人的心态不同。我们觉得郁闷，是因为我们自身的心态出了问题。"

生活中并不缺少快乐，缺少的是发现快乐的心态。我跟我的孩子讲完这段话后，孩子有了很深的感悟。在这样的谈话的引导下，我的孩子一步步地走出了心理困境，她的性格变得越来越阳光，越来越开朗，她对班级也越来越热爱，与同学的关系越来越融洽，她的学习效率也就越来越高。因为她拥有了好的心态，她的成绩逐步提升，最后提前半年被北京大学、清华大学、中国人民大学同时录取。

当她选择了北京大学以后，我跟她进行了一次对话。我说："我每年把那么多学生送进北大、清华，所以在我看来，考上北大、清华不是一件稀奇的事，但是你之前中考落榜，经过了两年半的努力，竟然也考上了北大，我觉得这件事挺意外的。你能不能跟我谈谈你的体会呢？"

我的孩子谈了她的体会，她说得很平淡，却让我心中产生了波澜。我觉得，她的话虽然很质朴，很平淡，但说出的恰好就是一些真理。

她说："对考北大、清华这件事，其实很多人只是想想说说，自己都不相信自己能考上。在某种意义上，他们就是说着玩的，是自己欺骗自己。其实呢，你想成为什么样的人，你就能成为什么样的人，只要你很想很想。在我看来，一个智力正常的高中生，都可以达到考上重点大学的水平。所以，最终考上北大、清华，也没有什么值得骄傲的，也不是多么大的成就，只不过是我真的很想很想。"她还特别强调，"不是心理安慰的空想，而是当作一定要完成的目标，一定要实现的梦想，然后就完成了。"

19 / 早恋，成长路上的"美丽陷阱"

早恋虽然是一件美好的事情，不过发生的不是时候。

现在，大家都把中学生的恋爱称为"早恋"，我想这里面有至少包含两层含义：第一，这个年龄谈恋爱有点儿早；第二，这个阶段谈恋爱有点儿早。怎么理解呢？中学生此时承担着为人生创造一个更高起点的重任，这中间光学习的事，就足以把他们压得喘不过气来。如果再掺杂上谈恋爱的事，精力一分散，学习就更没法把握住了。

学习是宁静才能致远的事情

我当老师这么多年，遇到不少中学生早恋的事情。很可惜，大部分人并没有因为有了爱情的滋润让学习成绩得以提高，反而因为谈恋爱，使得学习受到了负面影响。原因无他，中学生还是未成年人，他们精力有限，自制力不强。对于很多人来说，爱的甜言蜜语显然比枯燥的学习更有意思。不过，中学生在这个年纪谈恋爱，实在太早。面对中学生的恋爱问题，老师、家长、同学应该怎么看待呢？

第一，要正确区分男女同学的交往和早恋的界限。

我发现，很多时候，男女同学之间有一丁点儿密切的交往，老师就以为他们谈恋爱了，同学就开始议论这俩人好上了。其实，他们可能根本就没有那回事，只是叫周边的舆论一推动，结果弄假成真，不想谈的也谈上了。

早恋和男女同学交往过密，这是两个完全不同的概念，但是很多人把男女同学交往过密定义为早恋，把没有的事说成有了，还容易弄假成真，这对当事的孩子是不公平的。

第二，现在的中学生普遍有点儿早熟，千万别把他们的恋爱定义为一件比较丑恶的事。

有时，因为男女同学谈恋爱了，家长就跟着讲，那个人的家庭背景多么困难，你要是跟着他的话，这辈子都受苦受难；或者那个人的脾气多不好，你要是跟着他的话，你得一辈子受委屈；或者你看他现在这么窝囊……大家好像一看到中学生谈恋爱，就会想到他们将来要成家，生儿育女，其实根本就不是那么回事。

现在中学生谈恋爱，有时候就是为了好玩，别把它看成一件特别功利、丑恶的事。我觉得，中学生早恋是一件美好的事情。设想一下，一个学生都已经进入中学时代，竟然对异性一点儿好感都没有，这说明他的生理和心理都不健康。

一个健康的人，进入中学阶段，应该会对异性产生好感。这种好感，如果在某一个时刻碰撞了一下，发展为进一步接触的愿望，这是生理和心理健康的表现，所以它应该是一件美好的事情。家长和老师不宜把它当成一件丑恶的事情，加以批评和指责。

第三，早恋虽然是一件美好的事情，不过发生的不是时候。

一个美丽的少女穿着一身泳装站在海边，会给人以美的震撼。要是她穿着泳装，走在大马路上，或者去逛百货商店的话，肯定会被人当成精神病患者。一个人恋爱、成家、立业、生儿育女，都是一生必然经历的事，但是人生的每个阶段都有每个阶段的主要任务。

我觉得，中学生现在所处的这个阶段，主要任务就是把学习搞好，为自己的一生做一个很好的铺垫，找一个很好的起点，然后在这个基础上再去恋爱、结婚、成家立业，这就顺理成章了。

中学阶段，主要任务应该是抓好学习，把恋爱这件事再弄进来，就麻烦了。这样中学阶段就有了两个主要矛盾：一个是学习，另一个是谈情说爱，甚至是要白头到老、海枯石烂。这两个矛盾就要打架了，搞不好要弄得鸡飞蛋打——学不好，感情受了伤害，最后两个人反目成仇。这样的事情太多了。

那么，作为老师，应该怎么去引导这件事呢？在这一点上，我确实有一点儿发言权。我在当老师的过程中，确实遇到过很多这样的事。

我记得，那年我们班有两名同学谈起了恋爱。女孩在谈恋爱之前是年级排在前50名的学生，结果跟男孩谈恋爱后，成绩急剧下滑，滑到了年级的300名以后。她的家长不知道怎么回事，我也没有把她谈恋爱的事情告诉家长。

我还没有找女孩聊这件事，她就在某次考试后，哭着来到了我的办公室。她对我说："王老师，我承认我现在在谈恋爱，但是因为我知道自己谈恋爱，所以现在一有时间我就学习。我想凭我高一、高二时打下的基础，就是不学，也不至于跌到300名以后吧？更何况，我现在学习很投入。结果，我的成绩不但没前进，反而大踏步地往后退。到底是什么原因呢？"

我就告诉她："你知道学习是件什么事吗？学习是一件心如止水、宁静致远的事。你看，在非常平静的湖面上，哪怕掉下一片树叶，也能荡起无限的波纹，长久地消散不去。但是，在浊浪翻滚的湖面上，你就是抛下一块大石头，溅起几朵浪花，也会立即被浊浪吞没了。一个学生一且涉足恋爱，他的心就如同浊浪翻滚的湖面，这时候外部的刺激就很难在他的心里留下痕迹。而且，原来学习的那点积淀也全部被淹没了。这样一来，他的脑子就处在一片空白中。你现在的学习，与其叫学习，倒不如叫麻痹自己。因为你现在上着课，也在想着那个男孩，是不是？"

她说："是。"

我说："你现在做作业，也想着那个男孩，是不是？"

她说："是。"

我说："你的学习从来没有一刻的宁静，所以你原先虽然有比较好的基础，但是这个基础已经被浊浪翻滚的湖面完全吞没了。你现在没有积淀，过去学的东西都想不起来了，你的问题就在这儿。"

这个女孩感到了事情的严重性，就对我说："老师，您说得确实对，我再也找不到过去那种心态非常宁静的学习感觉了。"

我说："这就是你学习退步的原因。你要想让自己的学习成绩追上来，那只有一个办法，你得把跟这段感情逐步地淡化，让你的学习逐步归于平静。这样，你过去的积淀就会不断被激活了。"

在我的建议下，女孩慢慢地淡化了跟男孩的感情。此后，她的学习成绩也逐步回升。后来，她还获得了去美国留学的机会。

别把安慰当爱情

有些学生涉足早恋，可能未必是因为遇到多么喜欢的人，而是因为在生活、学习中遭受了挫折，没有及时找到排解的途径。

我带的班里有一个女孩就是这样。有一段时间我感到她情绪有点儿不对，观察了一个阶段以后，才发现她跟班上一个男孩谈恋爱了。这个女孩长得很漂亮，一米七几的个子，很有气质。她喜欢的那个男孩，个子比她矮，还天天弓着腰，畏畏缩缩，一点不精神。我根本没想到，他们俩会谈恋爱，因为看起来太不可能了。

我就把那个女孩叫到我的办公室，直截了当地对她说："听说你们俩谈上了？"

她说："是。"

我说："这事儿挺奇怪的，太不可思议了。你说说你们是怎么谈上的。"

女孩告诉我，那次期中考试她没考好，结果我开班会，把一些同学轮番地表扬了一遍，就没表扬她。

这是强人所难，我在班会上总结期中考试，怎么会去表扬退步很大的学生？这也反映了学生的一种心态：女孩期中考试没考好，心里很难过，再一看她的那些同学都被表扬了，她没被表扬，又很失落。

后来，我就有所感悟：每次考试，班主任真正最需要做的工作，应该是安慰那些没考好的学生，而不是拿出精力来表扬那些考好的学生。表扬成绩好的学生当然没错，但是更多的精力应该用在那些没考好的学生身上。

班会过后，女孩就闷闷不乐，情绪低落，想到办公室去找我聊聊天。我的学生一般在比较郁闷的时候，都想到办公室去找我。可是，那天刚总结完期中考试，很多学生都想去找我，她过去一看，前边排着一长串，自己根本排不上号，只好走了。回家以后，妈妈一看她脸色不好，就问她怎么回事。女孩告诉妈妈自己期中考试没考好，妈妈很着急，就批评了她。本来女孩就闷闷不乐，这下更痛苦了。就这样，女孩的坏情绪一晚上也没消散。

第二天一到学校，暗恋女孩已久的男孩走过来了。他一看女孩不高兴，也知道她期中考试没考好，便适时地走到了她的跟前，安慰她："虽然这次你考得不理想，但是其实我们都非常佩服你。你看，你学习能力有多强，你的基础有多扎实。你各方面都很优秀，我们都非常尊重你。我的数学呢，应该说比你好一点，以后我来帮你，你一定要鼓足勇气。"

女孩在这个时候最需要别人的鼓励和帮助，结果来自老师的帮助没有及时到位,来自家长的又是冷落和白眼。男孩适时走到了她跟前,女孩简直把他当成了自己的知音,这辈子非他不嫁。两个人就这样迸出了火花。

一听这个过程,我真是气坏了:"一次小小的考试没考好,你就表现得可怜兮兮、悲悲切切,恨不得全国人民都得来同情你,你有那么可怜吗?再者,我没有及时跟你谈,你没有及时解脱出来,这个男孩走到你跟前,你就遇到知己了,就非他不嫁;下一次再有考得不理想的情况,另外一个男孩再来了,你再非他不嫁;你到底有没有原则?"

别看我这样狠狠地批评她,其实我和学生的关系很好,她自己觉得早就应该挨我的批评了。我这一批评,女孩清醒了。她说:"老师我错了。"我说:"你可别坑人家。那个男孩为你可能陷得很深。你现在应该慢慢地淡化自己的感情,不要伤了那个男孩,也得保护好自己。"女孩听了我的话,就慢慢把注意力重新投入到学习中去了。

从这个例子中,我感觉到,很多中学生谈恋爱,并不是因为他想谈,而是因为学习上遇到什么事情,没有人及时帮助他;或者家庭"战火"不断,使他缺少温暖,满心的苦闷又无处诉说,这时一位异性的同学及时给他以帮助,那就是"非他不嫁,非她不娶"了。

把美好的感情留到高考后

一天晚上,我正在办公室办公,一个住校的女生就到了我跟前,也不说话。

我抬头看了看她:"找我有事?"

她说:"老师,有事。"

我说:"是不是又失恋了?"

她说:"老师,您怎么知道的?"

其实,老师要判断学生是不是在谈恋爱,根本不用看他是否跟异性同学之间发生了什么超友谊的事,看他的某些心态、学习的表现就能感觉到。这个女孩就是有段时间作业做得特别潦草,而且经常"短斤少两",考试成绩和她的实际水准差距很大。我感觉,女孩可能出了什么问题。结果,她那天到办公室找我,不幸被我言中。

我说:"就你那点事,还瞒得过我?说说跟谁谈恋爱了。"

她说:"老师,我现在很烦恼。我看上了我们班一个男孩,结果他怎么也不理我。我说咱们两人谈恋爱吧,他老是不回应。真的逼急了,他说他已经有女朋友了。"

我说:"你这个小姑娘,真是太有眼光了。我告诉你,这个男孩确实很优秀,我也看出来了。他优秀在哪儿呢?首先,他平常在班里表现得那么朴实,那么本分,那么严于律己。这一点你承认吗?"

她说:"我承认。"

这个时候,千万别说男孩的坏话。要说他的坏话,女孩就不会再跟我沟通了。如果说承认男孩的优秀,又承认女孩的眼光,女孩就会心情放松。我们的沟通就还能进行下去。

我说:"这个男孩确实很有责任心。更重要的是,据我所知,这个男孩没有女朋友。但是,当你追求他的时候,他说他有女朋友,他的负责任就体现在这儿。为什么呢?他很清楚,你们俩的学习现在都处在困难的状态,拼了命地学都不一定能学好,再涉足恋爱问题,你们两个就'同归于尽'了。这个男孩能够清醒地认识到这一点,所以他不想跟你谈。但是看到你的热情,他又没法拒绝,又怕伤害你,怎么办呢?就找了个借口,说现在有女朋友了。这个男孩多么聪明,多么有智慧,多么有责任心,所以你要是跟这样的男孩谈恋爱,绝对很好。不过,你能不能把对他的好感先保留一段时间?"

她说:"老师,我保留到什么时候?"

我说:"你就保留到高考。我向你保证,在高中阶段,这个男孩绝对不会谈恋爱。只要我发现他跟谁谈，我立即把它'灭掉'。然后，你就好好地把你的学习成绩搞上来。这个男孩呢，不会因为谈恋爱受影响，我相信他的学习成绩也能很快追上来。一旦高考结束，我就给你们俩撮合一下，行不行？"

她说："老师，您真好，那就照您说的办。"

后来，女孩就把对男孩美好的感情深深地埋藏在心中，把它化为了学习的动力。

还有一个女孩，她自己学习成绩很好，但跟她同桌的男孩学得很差。大家都觉得这俩人不太可能有什么交集，结果我发现，这两个人不太对头，上课也说话，平常也形影不离。我越看越不对劲儿。后来，我就问女孩，他们俩到底怎么回事。她告诉我，他们俩谈恋爱了。

我对女孩说："你这不是坑人家吗？你看这个男孩学习成绩比你差得多，他就指望跟你同桌，能在你的帮助下提高成绩呢。你这可好，帮成自己的男朋友了。再者，他本来学习成绩比较差，你长得又那么漂亮，他一跟你谈恋爱以后，又怎么可能安心学习呢？"

女孩也笑了。她说："老师，一开始我确实不想跟他谈，但是后来他有什么问题都问我，还把家里那些不开心的事都讲给我听，我感觉他挺可怜的，就想帮帮他。没想到，帮着帮着就帮出感情来了，您说怎么办？"

我说："你这不叫帮他，你这叫害他。这样下去，你们俩的学习成绩都要下滑。你可千万别这么没出息，你这样才貌双全的女孩将来会有更好的选择。等你考上大学之后，我给你介绍一个非常棒的男朋友，行不行？我建议，高中这三年，你不要考虑个人问题。"

女孩高高兴兴地走了，以后跟男孩的感情也就越来越淡了。

通过这两个例子，我觉得，在早恋问题上，老师和学生之间不要遮遮掩掩。老师只要出于对学生的理解、尊重和负责的态度，就可以直言不讳地谈，有什么话都讲开。这样，学生就能够比较正确地认识这件事，也能比较理智地处理好这个问题。

不仅是老师，家长也不要把中学生早恋视为洪水猛兽。只要对学生加以正确引导，他们是能够理智地从这种状态中走出来的。